育てるカウンセリング実践シリーズ 2

グループ体験による
学級育成
タイプ別！
プログラム

ソーシャルスキルと
エンカウンターの統合

河村茂雄 編著

小学校編

図書文化

はじめに

　ここ5年間，30を越える都道府県の教育委員会，教育実践センター主催の研修会に，100回前後参加させてもらった。講演依頼の内容はいろいろだが，次の2つはとくに多い。

1．心の教育の進め方
　学級において構成的グループエンカウンター（以下エンカウンターという）を，具体的にどのように進めればよいのか。

2．学級経営，学級集団の育成の方法
　学級崩壊を予防し，学級をまとまりのある集団にするための具体的な手だてについて。

　講演会や研修会に参加させてもらって，私自身も学ばせてもらうことがとても多い。そのなかでもいちばんの収穫は，会の後のザックバランな反省会である。酒食を伴うことも多く，現場の先生方の本音がとてもよく聞ける。そうした場での話題で，興味深い内容がいくつかあった。次のようなものである。

①本に出てくるエンカウンターを定期的に実践している先生方は，その時間をどのように捻出しているのだろうか。授業が割りをくい，なおざりになっているのではないだろうか。
②いまの子どもたちには，自由な感情表現をさせる前に，基本的なしつけをしないとダメなのではないだろうか。
③エンカウンターを何回かやったが，クラスがざわざわしてしまりがなくなってきた。子どもたちが自由に発言できる機会や雰囲気をつくるというのは，よしあしだ。
④結局，子どもたちが自分の本音を自由に語れる学級集団とか何よりも，授業がちゃんと成立し，学校行事や学級の活動にみんなで協力して取り組める学級集団になってほしい。

　それぞれの先生方がかなりの実践家で，かつ，このような研究会の中心になっている方々である。教育実践への理想と山積する現実問題への対応との間で，葛藤していることが痛いほど伝わってくる。
　エンカウンターを取り入れた心の教育の実践と，崩壊しないような学級集団の育成・学級経営は，別々のものだろうか。
　私は声を大にして「否」と言いたい。子どもたち同士のふれあいのある人間関係が成立している学級は，結果的にまとまってくるものである。また，素直に自分を出しても傷つけられないと思える規律のある集団でなければ，子どもたち同士の感情交流は活性化しない。したがって，エンカウンターなどの心の教育の実践と，まとまりのある学級集団の育成は，同じことなのである。なぜなら，両者は相補的な関係にあるからである。
　心の教育の実践と学級集団の育成がそれぞれ別の取組みとして考えられているとしたら，その原因は2つである。

1．両者の目的が離反している
　子どもには心の教育が必要だから，その実践はしっかりやろう。しかし，甘やかしてばかりいると学級がバラバラになるので，子どもたちの管理はしっかりやろうというぐあいである。前述の①④の声である。

2. 目的が同じでも統合する方法が確立されていない

前述の②③の声である。

私はこの5年間でいろいろなテーマの学校公開発表，研究授業を見せてもらった。その中で，すばらしい学級経営をされてるなと感じたのは，声高に「エンカウンターをやっている」「心の教育を推進している」という学校や学級よりも，むしろ規律のある地道な教育実践を続けている学校や学級に多かったと思う。そういう学校や学級は，地道な教育実践の中に，エンカウンターの思想や取組み，心の教育がすでに具現化されて溶け込んでいるように思えたのである。

何か妙に懐かしい子どものころを感じさせるコミュニケーションがある学級集団。子どもたちが集団生活をするなかで，自然と学んでいけるような学級環境なのである。このような学級の雰囲気は何なのだろうか。個人を縛る集団主義的なものとは違う，自分の学級や先生や友人たちが好きで，子どもたちの心のどこかに共同体意識がやどっているような雰囲気である。受容的・親和的雰囲気の中に規律があり，自分を素直に出せ，友達とごく自然にかかわれる学級である。私も一緒に給食を食べたくなるような雰囲気なのである。

現代の子どもたちは前述のような学級集団や友人関係を，自然に形成することはむずかしい。そこには担任の先生方の学級経営の工夫や取組みがあると思う。それを抽出し，そのエッセンスの最大公約数を明らかにできれば，多くの先生方の学級経営の，エンカウンターを活用した心の教育の実践のヒントになるのではないだろうか。

本書は，エンカウンターなどの心の教育の実践と，まとまりのある学級集団の育成の目的は同じであることを強調し，両者を統合して進めていく方法を提案するものである。その際の中心となる手法として，

> ①学級集団分析
> ②学級内のソーシャルスキルの定着度の把握
> ③現在地の把握
> ④目的地の設定とそれに至る対応の計画
> ⑤ソーシャルスキルトレーニングとエンカウンターを統合し，教育実践，日々の学級経営を支える活用の仕方の計画

がある。この5つの流れを具体的に解説したい。

学級でソーシャルスキルトレーニングやエンカウンターをするのだという意識よりも，学校行事，授業，子どもたちの日々の集団生活を充実させるための手だてとして，そのエッセンスを活用するという姿勢を強調する。

奇抜なエクササイズや卓越した教師のパフォーマンスに期待するのではなく，教師の日々の取組みをどう系統立てて進めていけばよいのかを，実践事例とデータに基づいて解説したいと思う。

本書が心の教育の実践，学級集団の育成に試行錯誤している多くの先生方の参考になれば幸いである。

最後に，本書の内容は，3年間にわたって文部省科学研究費補助金を受けて研究した『教師が活用できる児童生徒の人間関係能力育成プログラムの開発』に基づいている。登場する先生方や児童生徒のみなさんは，私の研究にご協力をいただいた方々である。この場をお借りして，心からお礼を申し上げたい。

河村　茂雄

contents

はじめに 2

こんな学級が取り組みました!
(第4章「学級育成プログラムの6事例」の概要) 6

序章「いま,なぜ,学級集団の育成なのか」 8

第1章　心を育てる学級経営とは……………11

1　心を育てる学級づくり　12
2　心の発達課題に適した援助とは　19
3　プログラムの基礎理論　25
4　プログラム作りの手順　32
5　効果的なリーダーシップ　35

第2章　基本エクササイズ10……………45

本章の解説　46
1　なんでもバスケット　47
2　団結くずし　48
3　質問じゃんけん　50
4　ブレーンストーミング　52
5　ビンゴ　54
6　さいころトーキング　56
7　Xさんからの手紙　58
8　いいとこさがし　60
9　二者択一　62
10　四面鏡　64

第3章　アレンジするための理論……67

1　グループ体験を成功させるポイント　68
2　どうやって構成するのか　70
3　グループ体験の展開の仕方・構成の目安　74
4　検討しながら系統的に　79
〔表〕学級育成の基本ステップ　80

> **コラム**　学級内のルールの確立（ソーシャルスキル尺度）　81
> 　　　　　学級満足度尺度とは（Q－U）　88

第4章　学級育成プログラムの6事例……91

本章の解説　92
1　リーダーのいるまとまりのあるクラス　93
2　男女が対立するギスギスしたクラス　106
3　ルールが定着していない騒がしいクラス　118
4　いくつかのグループが対立しているクラス　128
5　おとなしくどこかしらけたクラス　139
6　騒然とした荒れたクラス　150
〔表〕学級集団の状態に応じて集団活動を展開するうえでの目安　163

あとがき　164
編著者，執筆・編集協力者紹介　165

第4章「学級育成プログラムの6事例」の概要
こんな学級が取り組みました！

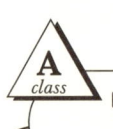

A class リーダーのいる まとまりのあるクラス

　A教諭（28歳男性）が担任するA学級（5年生）は，リーダーの児童を中心としたまとまりのある学級です。A教諭は学級の明るい雰囲気を活用して，個々の児童が学級の主役になれる活動を行いたいと考えていました。
　コンサルテーション後，互いに相手のすばらしい点を見つけ合うことを目的とした「いいとこ席」などのエクササイズを行い，個々の児童が主役になれる場をつくりました。活動を通じて，聞き方・話し方の基本スキルや感情を上手に伝える高度なスキルも習得しました。児童同士のリレーションは深まり，さらに活気のある学級へと成長しました。A教諭自身もエクササイズでリーダーを務めることで，児童のとるべき行動については，きちんと指示をすることの大切さを知りました。

B class 男女が対立する ギスギスしたクラス

　B教諭（教員5年目の女性）の担任するB学級（4年生）は，快活な男子グループを中心にした明るい雰囲気の学級でした。しかし，リーダーグループの男子とそれに反発する女子のグループがいがみ合うようになり，学級全体がギスギスした雰囲気になりました。
　コンサルテーション後，B教諭は，学級の一部の児童に焦点を当てて学級経営をしていたことに気づき，学級不適応になっている児童にもかかわりをもちながら，児童を理解する視点を増やしていきました。また，エクササイズを通して，友達同士の認め合いがみられるようになり，学級の雰囲気はしだいにあたたかいものへと変わっていきました。学級が解散するときには，だれもが「この学級でよかった」と思えるまでになりました。

C class ルールが定着していない 騒がしいクラス

　C教諭（31歳女性）は，児童には叱責するのではなく，話して聞かせる指導方針を信条としていました。C学級（5年生）で起きたある児童間のトラブル時にも，児童の主体性に任せる指導スタイルをとり，あまりかかわろうとしませんでした。その結果，指導に従わない児童や騒いで授業妨害する児童が現れ，学級は騒然とした雰囲気になりました。
　コンサルテーション後には，学級に基本的なルールを確立したうえで，学級が楽しいと思えるようにすることを目標にエクササイズを行ったところ，学級は徐々に落ち着きを取り戻しはじめました。児童が楽しく生活するために必要なスキルやルールを身につけていき，半年後には授業中に立ち歩く児童もなく，きちんと授業が成立するようになりました。

第4章は,「集団を通して,子どもたちの人間関係能力を,どのように育成すればよいのか」――この課題に取り組んだ河村研究室の研究をまとめたものです。まず,学級集団の状態の把握,ソーシャルスキルの定着度の分布と対応計画の作成を河村研究室が行い,その結果をもとに研究室のメンバーが,学級の担任教師にコンサルテーションを実施しました。定期的な調査の結果と担任教師のコメントから,各学級の変容がわかります。

いくつかのグループが対立しているクラス

　D教諭(30歳男性)は,児童の主体性を大切にして細かい指示は入れない指導法を信条にしてきました。ところが,D学級(5年生)の女子のグループ間で対立が起こったことを発端に,陰で悪口を言うなどの陰湿な行動がみられ,学級がまとまらなくなりました。

　コンサルテーション後,D教諭は,すべてを児童に任せるのではなく,教師がリーダーシップを発揮する場面と児童に主体性をもたせる場面のメリハリをつけて学級経営を行うようになりました。また,グループ内の認め合いを目的としてエクササイズを行った結果,仲間内で認められることで自信をもち,互いに張り合うことがなくなり,グループの対立は消えていきました。さらにグループ外でもかかわりがもてるまでに成長しました。

おとなしくどこかしらけたクラス

　E教諭(教員21年目の女性)は,規律ある学級づくりで定評がありました。わんぱくでルールの定着していないE学級(4年生)は,規律ある学級へと変容していきました。ところが,指導についていけない児童が現れ,注意を繰り返すうちに,学級は緊張した雰囲気となり,児童の快活さが薄れていきました。

　コンサルテーション後,E教諭は,生活態度重視の指導を見直し,児童を多面的に理解し,一人一人とあたたかくかかわるようなリーダーシップを発揮するようになりました。エクササイズを通して,児童との間にあたたかい雰囲気が生まれ,消極的だった児童も得意な面を発揮して活躍する場面も増えました。児童本来の明るさも取り戻され,居心地のいい理想的な学級に変容しました。

騒然とした荒れたクラス

　F教諭(教員16年目の男性)は,問題ある学級を数々担任し,そのたびに建て直してきました。しかし,F学級(6年生)は,そのどの学級よりも手ごわいものでした。烏合の衆と化した集団で,授業も成り立ちません。

　コンサルテーション後,F教諭は自分の完璧主義的な姿勢を見直し,教員集団で取り組めるよう働きかけ,「再契約法」を行うことにしました。一つ一つ簡単な取組みを行うことで,基本的なスキルを身につけさせ,児童と成就感を味わい,騒然とした雰囲気も落ち着きを取り戻していきました。一人一人とていねいにかかわることで,教師と児童のリレーションも深まり,暴力的だった児童の「中学に行っても先生に会いに来てもいい?」の言葉に胸が熱くなったと語るF教諭です。

序章

いま，なぜ，学級集団の育成なのか

■ 関係性のなかで育つとは

(1) ある女子高生のつぶやき

テレビのドキュメンタリー番組で，ある単位制高校の話を紹介していた。その高校は，行きたいときに学校に行けばよく，科目の選択も広く，単位がとれれば卒業できるシステムをもつ，生徒の自主性に完全に任せられた大学のような高校だった。

そこで，ある女子生徒の事例が取り上げられていた。彼女は，小学・中学といじめを受けて不登校になった経験をもっていたが，この高校に入ってから一生懸命に勉強して，一流大学に受かり，卒業を間近に控えていた。

その生徒の言葉が心に残る。

「この高校に入ったときは天国だと思いました。私をいじめる人も，かまう人もいないのですから。でも，卒業を間近にしたいま，これでよかったのかなと思うことがあります。3年近く一緒の学校にいて，私が風邪で学校を休んでいるとき，私がいないということに気がついてくれる人が，いったい何人いるでしょうか。周りの人はみな，他人に干渉しない代わりに無関心なのです。勉強はマイペースでできました。でも，私は，高校生活でいちばん大事なことを学ば なかったのではないかと思うのです」

彼女にとって「高校時代に学ぶべき，いちばん大事なこと」とは何であったか。

それは，級友とのふれあいであり，級友との人間関係をとおした，自己確立への試行錯誤体験だったのではないかと思う。

(2) 人間関係は自己の確立を援助する

人間関係は人に何をもたらすのか，人間関係は自己の確立を援助するのである。

人は，自分で悟って自身で自己概念をつくっていくのではない。いろいろな人とかかわり合い，「君ってこうだね」などとさまざまなフィードバックをもらいながら，自分というイメージが固まっていく。そして，はじめて自己が確立されるのである。人間が人間になるためには，人間が必要なのである。

さまざまな人がいる集団の中で，上手に人間関係をもちながら自己を確立していく……これは非常に大切なことである。

これをある時期に体得しておかないと，のちのちまで発達課題として残ってしまう。自己が確立できない，つまり大人になれないのである。

心の発達課題に関しては第1章で詳しく述べるが，小学・中学・高校・大学生活を経て，長い学校生活の終幕に「私は，この

先何をして生きていけばいいのかわからないのです」と悩みを打ち明ける大学生の姿を目前にして，あらためて心の教育のむずかしさと必要性を痛感するのである。

(3) 人間関係の問題は，それを避けては解決しない

人間関係は，「生きがい」と「ストレス」が背中合わせになっている。それでもわれわれが人間関係を結ぶのは，生きがいの部分の大切さを体験的にわかっているからである。

しかし，子ども同士で徒党を組んで遊ぶことの少なくなった現代の子どもたちには，それが体験的にわかっていない。そして，ストレス，つまり傷つけられるのを避けようと，人間関係から距離をとろうとする。

ともに活動する学級集団の中では，その人間関係能力の未熟さから，傷つくことが多くなっている。

「だから，学級集団の枠組みをなくして，個々の子どもに即した教育をすべきだ」という見解もあるが，私はこれに全面的に賛成することはできない。

学級の枠組みを解消すれば，学級集団における人間関係の問題をある程度回避できるだろうが，子どもたちが心の教育を受ける大きな機会をも奪ってしまうことになるからである。

人間関係能力の未熟さから問題が発生しているのであれば，それを避けては，その問題は解決しないのである。

また，私は個性を大事にする風潮，個性教育について否定するつもりはないが，30～40人が集まったなかで，お互いの個性がぶつかったときにどうすればいいか，まず，そこを教育することが重要である。これを教えずにただ個性を強調し，関係性を飛び越えて，互いに言いたいことを言い合わせていたら，それは教育にはならない。関係性の中で生きる個性が大事なのである。

目標とする学級集団とは

(1) 子どもの居場所となる学級（集団のなかで個人が生きる学級）

いまの子どもたちは，塾に習い事にと忙しい。塾やスイミング教室など，そのつど集団に所属することになるが，なんといってもいちばん長い時間子どもたちが集団生活を送るのは学級である。

この一日の多くの時間を過ごす学級において，人間関係が苦手なために表面的なつきあいに終始し，その結果，「学校でいちばん大事なことを学ばなかった」とつぶやきながら卒業させるのはあまりに悲しいではないか。

人間関係は，人間同士の交流のなかでしか培うことはできないのである。だからこそ，学級を子どもの居場所に育て，子どもたちが自己を確立していくための集団体験ができる場所とすることが大切なのである。学級を育てるとは，すなわち子ども一人一人の心の教育を行うことにほかならない。

さて，目標とする学級とはどういう学級か。それは，互いが気持ちよく生活できるためのマナー（ルール）が定着していて，ふれあいの交流ができ，子どもたち一人一人が，自ら進んで所属したいと思うような集団である。「みんな違ってみんないい」という認め合いができており，一人一人が自分の存在が認められていて，自分はみんなの役にたっていると思える子どもたちの居場所となる集団である。

このような集団では，一人一人が自分の個性を生かしながら，進んで学級全体の取

組みに協力しようとする協力原理が定着していく。さらに，「もっといい学級にしたい」という思いが生まれ，そのなかでみんなが気持ちよく学校生活を送るためのマナー（ルール）がおのずと確立されていく。

子どもたちはそのマナーに守られ，傷つけられることもなく，仲間との本音の交流が促進される。ふれあいの集団が心の拠り所となって，生きる意欲が喚起されるのである。そうしたなかで，子どもたちは多くのことを学んでいき，それが自己の確立へとつながっていくのである。

(2) 学習集団と生活集団，両側面を達成

学級集団は2つの側面をもっている。一つは「学習集団」であり，もう一つは「生活集団」である。この2つの側面を達成していることが，理想の学級集団の条件である。

しかし，さきにも述べたように，不登校が13万人を越える現代の子どもたちは，人とのかかわり合いがとても未熟である。学級という枠の中にただ集められただけでは，級友とうまくかかわり合えず，メンバーの一員として集団生活することがむずかしくなってきたのである。

その結果として，学級での集団生活が人格形成を促す場とならないばかりか，不適応感を抱いたり，他人とのかかわりに距離をとったり，逆に同調する形でしか集団生活を送れない子どもが少なくない。不登校，人間関係の稀薄化，主体性のなさ・無気力はその典型であろう。

この流れは，子どもたちが自ら仲間づくりをする（集団を形成する）ことがむずかしいという現象につながる。生活集団の不成立・崩壊である。そして，生活集団の不成立・崩壊は，学級の学習集団としての機能をも喪失させる。学級集団を単位とした，一斉授業形式が主流の日本の小・中学校では，生活集団と学習集団は表裏一体だからである。授業不成立，学級崩壊はこういう形で，問題が表面化してくるのである。

つまり，学級という枠に集まった子どもたちに対して，
①学習集団に参加させる
②生活集団を形成させる

この2点に，教師の計画的援助が不可欠なのである。授業を成立させる前提としても，上記の2点の対応がまず必要である。一斉授業や全体活動という形で，子どもたちを集団として動かすには，集団として組織・育成されていることが求められるのである。

それには，学級状態をしっかり把握したうえで，目標をたて，手だてを吟味し，それを実践する。さらに，行った実践を検討し，軌道修正が必要ならば再検討し，より効果的な方法を選択していく必要があるのである。

この一連の流れで，重要な役割を果たすのが，教師のリーダーシップである。

では，リーダーシップを効果的に発揮するために必要なことは何か。それは，目の前の学級集団の状態をしっかり押さえて，その状態にあったリーダーシップスタイルをとるというマッチングである。その見きわめが非常に重要なのである。

本書は，学習集団と生活集団，この両側面を達成する理想の学級集団を組織し育成する方法論を，小・中学校の学級集団の特徴に合わせて提示するものである。

したがって，「学級を立て直す秘策」「心の教育を学級集団を活用して展開するためのテキスト」になることだろう。

第1章 心を育てる学級経営とは

本章は，学級育成プログラムを進めるうえで押さえておきたい基礎理論である。
①グループ体験の意味と必要性，
②子どもたちの心理および心の発達課題に適した援助とは何か，
③プログラムの基礎理論（ソーシャルスキルと構成的グループエンカウンターの基礎），
④プログラム作りの手順（現在地の把握の方法と検討の仕方），
⑤教師の効果的なリーダーシップ
以上の5点について，順次述べていく。

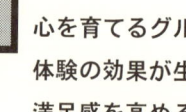

1 心を育てる学級づくり

心を育てるグループ体験に期待される効果とは何か。グループ体験の効果が生まれる集団の条件と，子どもたちの学級生活の満足感を高める基盤となる対応についてみていく。

グループ体験の必要性

(1) グループアプローチとは

　グループアプローチとは，メンバーの教育・成長をめざした，グループでの生活体験である。その生活体験が体験学習となるようにプログラムされているのである。病院でのリハビリのプログラムや，少年院での矯正プログラムも，治療的側面の強いグループアプローチである。

　本書では，メンバーの人格形成を促進する，教育的側面の強いグループアプローチについて紹介する。教育分野で実施されているグループアプローチの代表的なものとして，心理劇，グループワーク，グループカウンセリング，集中的グループ体験などがある。後述する構成的グループエンカウンターは，集中的グループ体験の代表的なものである。

(2) グループアプローチの目的

　グループアプローチとは，次の3つの達成を目的としている。

■グループアプローチの目的
①個人の成長・教育
②個人間のコミュニケーションの発展と改善
③組織の開発や変革

　そして，目的を達成する「方法」として，集団の機能や特性を積極的に用いるのである。

　集団の機能や特性とは，同じ集団に所属する者同士の協同の活動や，日々の生活の中で発生する人間関係の相互作用である。相互に影響を与え合う力である。

　個人と集団との関係は，らせんのように絡まっている。したがって，学級集団を育成するということは，子ども一人一人の育成につながり，子ども一人一人への対応は，結果として学級集団の育成につながっていくのである。

(3) 集団主義，同調との違い

　ここで，一つ押さえておきたいのが，「集団主義」との違いである。

　集団主義とは，違いよりも同じ面を強調して，個々のメンバーを集団の基準に合わせようとするものである。私のいう「集団の教育」とは，一人一人の子どもを育てるために，集団体験を活用することであり，集団主義とはまったく逆の発想である。

　また，あわせて，「同調」と「協調」の違いも押さえておきたい。

自ら大きな集団をつくることができなくなっている現在の子どもたちは、いつも3〜4人で一緒に行動することが多い。これは、小・中学校に限らず、私の勤務する大学でも同じである。この3〜4人は、表面的な関係でくっついていることが多い。現に大学の私の研究室には、「好きな異性が2人いるのですが……」などと、本来なら仲間うちで相談すべき悩み事を相談しに来る学生もいるのである。

彼らは、似ている部分だけ確認しあって、お互いの違いについては認め合っていない。だから「自分はこう思う」という面が出せず、深い関係性をつくれないのである。この関係は、自分を押し殺して他人に合わせる「同調」である。

いっぽう「協調」は違いを認め合い、個人が独立しているなかで、互いに折り合いをつけることである。ゆずれるところはゆずり合い、互いに力を合わせることである。本書で述べるグループ体験では、メンバーは自分を押し殺して同調するのではなく、互いを認めて協調しあうのである。

(4) グループ体験の効果

グループ体験の効果として、次の5つがあげられる。

■グループ体験の効果
① 特別の面接、所属する個人の専門的な能力や技能を必要とせず、日々の集団体験から、新しい態度や対応する機会が得られる
② 指導者やほかのメンバーからの率直な指摘から、自分の行動や態度および感情を修正することができる
③ メンバー間の相互作用の中で、新たな行動や考え方をする意欲が喚起される
④ メンバーはほかのメンバーがよりよい方向に変化するのを見て、新たな行動や考え方をする意義と方法を知ることができる
⑤ 集団内の共通の情報と集団のメンバーとの協同の経験が、個人の変容の試みを促進してくれる

(5) グループ体験は人間教育そのもの

こうみてくると小中学校で子どもたちを教育するということは、大きなグループアプローチそのものである。発達途上にある子どもたちにとって、人とのかかわりが自己の確立に不可欠であることを考えると、学級での活動や生活というグループ体験は、まさに人間教育そのものとなるのである。

いっぽう学級での活動や生活を通して、子どもたちがグループ体験の効果を得られないとしたら、その学級集団は単に知識や技能を習得する場でしかない。

現代は子どもたちでさえ知識や技能を習得する場や方法が、学校以外にたくさんある時代である。その結果、子どもたちが学級での生活に感じる魅力は、相対的にどんどん低下してしまうわけである。

したがって、学級経営にどのようにグループアプローチのエッセンスを盛り込むことができるか、そして、子どもたちが良質なグループ体験をすることができるかが、学級経営と心の教育を進めるうえで、重要なのである。

効果的なグループ体験の条件

グループ体験の教育的な作用が成立している集団を「教育力のある集団」といい、この集団に所属するメンバーは、日々の集

団生活，すなわちグループ体験を通して，自ら学んでいけるのである。

では，グループ体験の教育的効果が生まれる集団の条件とは何か。2つある。

> ■効果的なグループ体験の条件
> （Ⅰ）集団内にふれあいのある人間関係（率直さ・受容的・共感的・援助的）がある
> （Ⅱ）メンバーが自己表現したり，ほかのメンバーと積極的にかかわる方法と場面がある

この2つの条件が生活している集団に同時に成立しているとき，グループアプローチの効果は生まれる。この2つの条件が同時に成立している集団でのグループ体験が，所属するメンバーに教育力を発揮するのである。

グループ体験の方法論

(1) グループ体験には方法論が必要

前述のグループ体験の効果が生まれる2つの条件を，どう学級経営に確立するのか，これが心の教育を推進していくうえでのキーポイントになる。

だが，これはむずかしいのである。

一般のグループ体験では，事前にメンバーを選抜する。特定の参加条件のあるグループに，メンバーはその条件を承知し，契約をしたうえで，自分の意思で参加するのである。それに対して，学級集団は，参加時点での子どもの意思は関係ない。さらに，人とうまくかかわれなくなった，人間関係が稀薄になった，集団で遊ぶ喜びを知らない，といわれる現代の子どもたちがメンバーなのである。

教師は，まず学級という集団づくりからしていかなくてはならない。したがって，心の教育を推進するために，グループ体験を学級経営に取り入れるためには，しっかりした方法論が必要なのである。

それがないなかで，単発に構成的グループエンカウンターなどのエクササイズを学級でやったとしても，それは一時的な楽しみで終わってしまうことが多い。

では，学級集団を育成するためには，どのような方法論が必要なのであろうか。

(2) 学級生活の満足感・充実感を向上させる

学級集団を育成していく，まとめていくいちばんのポイントは何かと問われれば，答えは次のようになるだろう。

> ■学級集団育成のポイント
> 学級に所属する子どもたちの，学級生活の満足感・充実感を向上させること

そうすれば結果として，子どもたちは学級集団に対する帰属意識が強まり，みんなといたいという欲求をバネに，一人一人の結びつきが強まり，学級集団は内部から徐々に大きくまとまっていくのである。

外側から強制の枠をはめて，子どもたちをなんとかまとめようとしても，表面上はきちんとさせることができても，子どもたちの心はバラバラである。このような状態では，最低一年は続く学級集団を，一つの集団として動かしていくことはむずかしい。

学級生活に満足感を抱かせるには

では，子どもたちの学級生活の満足感を高めるには，どうすればよいのか。2つのポイントを達成していくことが大切である。

> ■学級生活の満足感を高める方法
> ①学級生活において人から傷つけられないこと
> ②学級内で認められたり，学級生活が楽しかったり，満足できたり，充実しているという気持ちに至らせること

(1) 人から傷つけられない

上記の①について，これはまず最低限の条件である。いじめられている子は，教師がどのような面白い授業を工夫したとしても，いじめっ子のいる学級では心から楽しめず，学習意欲も高まらない。

とくに，経済的に豊かな社会の現代っ子は，嫌なことに耐えたり苦しいことを忍んだりという体験が少なく，傷つけられることにとても弱いのである。

(2) 学級内で認められ，充実感がある

次に，傷つけられないだけではその学級にいたいとは思わない。その学級に積極的にいたいという気持ちにさせることが必要である。それには前出の②が必要となる。

学級内で認められたいこととは，少なくともその存在を尊重されることである。朝クラスに来てだれもあいさつしてくれなかったり，無視されていたのでは，苦痛以外の何者でもない。

そのうえで，自分の学習やスポーツ，芸術関係の能力，個性ある性格やユニークな発想，自分のスタイルなども認めてほしいのである。それを教師や，級友に認めてほしいのである。

少子化の進んだ現代の子どもたちは，いい意味でも悪い意味でも家庭で注目されている存在である。現代っ子は「認められ欲求」がより強いのである。

(3) 友人関係が良好である

では具体的に，子どもたちが学級生活で楽しんだり満足するために重要なのは何か。それは圧倒的に友人関係である。子どもたちの学校でのいちばんの楽しみは，つねに友人とのかかわりである。半面，子どもたちが学校に行きたくないと思う理由でもっとも多いのも，圧倒的に友人関係なのである。

つまり，友人関係は学校生活における両刃の剣であり，子どもたちの学校生活での満足感を大きく左右する。

友人関係が良好で楽しく，かつその友人たちから十分認められていれば，学校生活はとてもハッピーであるといえる。

以下，満足したいものとして友人関係に続くものは，「学級集団での活動」「学習活動」「教師との関係」などがあげられる。

満足感を高めるための対応

子どもたちの学級生活の満足感を高めるためには，いくつかの領域で，細かい対応が必要であろう。

それらを支える基盤となる対応が，次の3つである。

> ■学級生活の満足感を高めるための対応
> ①傷つけられないという安心感がもてるような手だてを行う
> ——対人関係や集団生活のマナーを子どもたちに共有させる
> ②認められたいという欲求を満たす
> ——認められる場面や方法を設定する
> ③友人とのかかわりや，学級集団での活動・学習活動で楽しめたり，満足

> 感・充実感を得られるような手だてをする
> ——個々の状態に合わせて，教師が応用力を発揮する

この3点について，順を追って説明する。

(1) マナーを子どもたちに共有させる

マナー（ルール）は対人関係のトラブルやストレスをなるべく少なくなるように，人間が編みだした生活の知恵である。ところが，対人関係や集団生活のマナーを家庭でしっかりしつけられず，一つの学級集団の中で子どもたちが共有するマナーが著しく低下している。このようななかで，相手の気持ちを察することができない者同士が投げつけあう言葉や態度は，ことのほか心を傷つける。

そして，現在は個性や自己表現・主張を尊重する風潮が強い。それ自体は私も否定しないが，このような風潮のなかでは，自己表現や自己主張の方法をしっかり身につけさせる必要がある。

一つの集団の中で互いの個性や自己主張がぶつかり合った場合には，どのように解決し，折り合いをつければよいかという方法が身についていないと，声や力の強い者が弱い者を圧倒するという，動物社会のようなシステムが暗黙のうちに出来上がってしまう危険があるからである。

結局，傷つけられる可能性がある場合，子どもは人間関係に距離をおき，集団活動を避けようとする。人間関係が稀薄化しているという風潮は，現代の子どもたちの傷つくことから身を守る防衛の側面もあるのである。

したがって，子どもたちが，傷つけられないという安心感がもつためには，対人関係や集団生活のマナーを共有させることが必要になってくるのである。

具体的には，話し方・聞き方，互いの人権の尊重，社会生活を送るうえで必要なマナーなどである。こうしたルールがあって初めて，子どもたちは安心して自ら周りの人間とかかわろうとする。

ルールは，子どもたちがその必要性を感じ，自分たちの考えも取り入れられてつくられていること，守るのに抵抗が少ないことが大切である。

そして，そのルールを守ることで，学級が居心地のいい場所になれば，子どもたちは「学級にいたい」「学級をもっとよくしたい」と思い，進んでルールを守るようになるのである。ルールとリレーションは相関関係にある。

こうしたルールを身につけさせるには，エンカウンターやソーシャルスキルトレーニングが有効である。

たとえば，自己主張トレーニングで，「貸していたCDを返してもらう」など具体的な場面を設定し，攻撃的な言い方（いつになったら返すんだよ。ふざけんなよ！），自分をおさえてしまう言い方（えっと……CDなんだけど，う～ん，いいや……），そして相手も自分も大事にする言い方（前貸したCDなんだけど，○○君も聞きたいんだって。いつだったら返せる？）などを，最初に教師が模範を示し，子どもたち自らも体験するのである。

こうしたスキルトレーニングをとおして，子どもたちは，相手を尊重し，自分も傷つかない言い方を体得していくのである。

また，日常的な対応として押さえておきたいのは，ルールを「言い聞かせる」のではなく，「暗黙のうちに心にもたせる」ということである。

子どもたちがルールを共有するということは、「言われて守る」のではなく、「暗黙のうちに心にもつ」ことが必要なのである。

これは、どういうことかというと、たとえば、1時から活動を行う場合、教師は数分前から時計を見ながら時間になるのを待っている。そして、遅れて来た子どもには、「時間に遅れてはいけない」としかるのではなく「どうしたの？」と聞いてあげるのである。すると、周りの子どもたちは「そうだ、1時から始めるというルールがあったんだ」ときちんと思い出す。しかし、これをみんなの前で叱責したら、しかられた子どもも周りの子どもも暗い気持ちになってしまう。この教師の言葉かけの違いは大きいのである。

そして時間どおりに集まったときに「時間どおりにみんな集まっているね」とほめれば、それは評価になる。このように、知らないうちに守る習慣を少しずつつけていくことが大切なのである。

(2) 認められる場面や方法を設定する

認められたい欲求の強い子どもは、それが十分満たされないと、他者を認める余裕が生まれない。その余裕が生まれるのを自然と待っていたのでは、子どもたちの欲求不満は高まり、自分の認められ欲求を、友人を引き下げることで間接的に満たそうとする者も出てくる。そうなると、友人とのかかわりはギクシャクし、学級集団は収拾がつかなくなってしまう。

したがって、学級生活のいろいろな機会をとらえて、認め・認められるような構成された場面を、意識して設定することが求められる。

教師は、運動も勉強もできてリーダーをやっている子をつい多くほめてしまいがちだが、それを見た周りの子は「どうせ自分は……」とやる気をなくし、努力をしなくなる。全員に光があたるように、多くの場面を設定することが大切である。

たとえば、運動会や学芸会では、主役になった子に注目が集まりやすく、裏方の子は忘れられがちである。そこで、準備から片付けまでを通した振り返りを行い、だれがどのようにがんばっていたかを伝え合う取組みを行うとよい。たとえば、「球技大のあと、○○君はボールを磨いていたね。おかげで次の体育の時間は、みんながきれいなボールでサッカーをすることができたね」など、事前に教師が目立たない役割の必要性を伝えると取組みがスムーズになる。

こうした取組みを重ねることで、子どもたちは、学級で自分の存在が認められているという気持ちを強くし、学級が心地よい居場所となるのである。

(3) 個々の状態に合わせて応用力を発揮する

友人とのかかわりや集団活動への参加と一人遊び、どちらにより引かれるかというと、結局は個人内における比較の問題なのである。より楽しいほう・満足感の得られるほうを選ぶのが人間である。子どもならなおさらその傾向は強い。前出の①にもかかわるが、より傷つかないもの、ラクなほうという消極的な選択も含めてである。

私の世代は幼少期にテレビが普及した世代であるが、現代の小・中学生は生まれたときからテレビゲームが普及していた世代である。一人でも十分楽しめるツールが周りにあふれている豊かな世代である。その半面、自然の中での友人との泥んこ遊びや、集団遊びの体験は少ないのである。こういう子どもたちが選択するわけだから、友人とのかかわりや集団活動に参加してみたい

という，最初の一歩を踏み出せる工夫が不可欠である。

しかし，人間には人とかかわりたいという内なる欲求があるので，この一歩が踏み出せ，取り組んだ内容が楽しく満足できるものだったら，子どもたちの次の選択はその体験を前提になされていくので，参加意欲は徐々に高まっていく。

要するに，子ども同士でトラブルが起きないように，学級の規則を定めて生活を監督する。お楽しみ会などを多くして，子どもを自由に遊ばせる。学習や運動などの成果，努力をほめる。これらを偏りなく行うことが必要である。

一つの面だけを強調したような対応では，現代の子どもたちを集団として一カ所に集め，その集団を育成するなかで子どもを育てることはむずかしい。

いろいろな子どもが増えてきたなかで，子どもへの対応，学級経営の真のむずかしさは，これさえやればうまくいく，学級崩壊はしないという，単一手法のテクニックが通用しないところにあるのである。

現代の教師が問われている指導力は，何かをやればいいというレベルではなく，豊富な知識や教育技術を背景に，目の前の一人一人の子どもや学級集団の状態を把握して，その知識や教育技術をどういう形で発揮しているのかという，応用の仕方にある。

学級の育成と心の教育を同時に進めるには

これまで読まれて気づいた読者も多いことだろう。グループ体験の教育的効果が生まれる集団の条件の2点と，子どもたちの学級生活の満足感を高める基盤となる3つの対応は，表裏一体である。

グループ体験を活用した心の教育と学級集団の育成は，目的だけではなく，方法も同じなのである。

つまり，現代の子どもたちの状況をもとに学級集団を育成し，同時に子どもたちの心の教育を進めるとしたら，以下のようになる。

■学級の育成と心の教育を同時に進めるには
（Ⅱ）の条件「メンバーが自己表現したり，ほかのメンバーと積極的にかかわれる方法と場面がある」を子どもたちに共有させる取組みをしながら，（Ⅰ）の条件「集団内にふれあいのある人間関係（率直さ・受容的・共感的・援助的）がある」を満たす取組みをすること

そして，そのときの対応の骨子が，次の3つである。

■対応の骨子
①傷つけられないという安心感がもてるような手だてを行う
②認められる場面や認められる方法を設定する
③友人とのかかわりや，学級集団での活動・学習活動で楽しめたり，満足感・充実感を得られるような手だてをする

そして，本書では，「グループ体験の教育的効果が生まれる集団の条件」2つと，「子どもたちの学級生活の満足感を高める基盤となる対応」の3つを具現化する方法として，ソーシャルスキルトレーニングと構成的グループエンカウンターを活用しようというのである。

第1章 心を育てる学級経営とは

2 心の発達課題に適した援助とは

教師が多くの知識や教育技術を応用するためには，基礎知識を確認する必要がある。具体的なグループ体験の進め方に入る前に，最低限押さえておきたい子どもの心理を解説する。

大学生の実態から，発達への援助方法を考える

(1) 大人になれない大学生

最近の大学生は，「自分探しをしなくなった」「中学生のようにいつも同じメンバーでキャンパス内外を行動している」「将来に対する目的意識が薄い」などと言われている。しかし私は，だから現在の大学生は子どもで情けないと言う気は毛頭ない。

一本の評価のものさしをもつ学歴社会に住み，経済的な豊かさと情報化の進展で，がんばってもこれくらい，がんばらなくてもまあまあやっていけるという状況の中で，生きている実感をもちにくいのだろう。仲間と盛り上がっても，一人になればどこかむなしく，どこか精神的に疲れた思いでいる。──これが長い学校生活の終着点にきた大学生に，多くみられる傾向である。

小学生や中学生が従来のその時期の子どもと比べて幼くなったといわれるが，その流れはつまるところ，延々続いて大学まできているのである。

現在の大学生は大学時代に向き合うとされる心の発達の問題「自分とは何者かという自己概念を確立しようとすること」に向き合うほど，心の発達をとげていないように思われる。これらは私が小学校教諭から大学教師に転じた後のこの5年間で痛切に感じたことである。私が育てた小学生たちがこのような大学生となっているのかと，学校教育を前と後の両方からながめたような気持ちがして，その問題がハッキリしてきたような気がしている。

不登校やいじめなどの問題が深刻化して，心の教育の必要性が叫ばれている。しかし，もっと深刻に考えなければいけないのは，子どもたちが長い学校生活を終える段階に来ても，大人になれずに，自分を確立しようという意識がもてないことである。

この視点のもとに各発達段階における，子どもの心の発達への援助のあり方を考えなくてはならないのである。

(2) 自己の確立の過程

人の自己の確立の過程は，大雑把にいうと，次のようなプロセスである。

■**自己の確立の過程**

①**小学校以前**

・母親との関係を通して，人や社会に対して基本的な信頼感を形成する

・親のしつけを受けながら，自分の欲求をコントロールする仕方を身につける

・自発性を身につける

> ②小学校時代
> ・自分に対する自信を身につける
> ・学ぶ楽しさと勤勉性・意欲を身につける
> ③中学校時代
> ・自分が理想とする人の行動や考え方を自分に取り入れていき，自分を形づくっていく（同一化）
> ④高校時代から大学時代
> ・同一化によって形づくった自分をより大きくするためにいったん打ち破り，新たな自分を多面的に再統合して確立する

(3) 心の教育の中心課題

　心の発達は，一つの段階を達成できないとその問題が心に残り，次の段階になかなか進めない。そればかりか，屈折して次の段階の問題にマイナスの影響を与える。したがって，大学生になっても中学生のように仲間だけとの集団に同一化し，自分を確立するという試行錯誤ができない大学生がいるのも不思議ではない。当然，どんな仕事をしたいのかという意識も稀薄である。その学生は，十分同一化することなしには，次の段階に進めないのである。しかし，周りの社会環境はその人間の年齢にあった役割や行動を期待するので，このような状況は，本人にとってつらいものとなる。

　人の心の発達の視点から考えると，大学生になる以前の小学校・中学校・高校の各段階で取り組むべき「心の教育」の中心課題がみえてくる。

(4) 無理がなく，適切な働きかけを

　発達の問題は，どんどん先に進ませようと働きかけることがいいのではない。各段階で，その発達段階までの問題を十分達成できるように援助することがとくに必要だ。「援助」とは，対人関係や集団生活の中から，子どもたちが自ら学びとることができる対応のことである。そして，その中心が，「子どもたちの対人関係の形成と深化を，どのように援助できるか」なのである。

　現代は，ある程度の働きかけをしないと，自ら友人関係を形成できる子どもが少なくなってきた。

　そのためには教師は，子どもが「人とかかわりたいという思いをどのように抱いているか」をある程度理解し，子どもの心に無理がなく，適切な働きかけをすることが求められる。

　子どもが無理なく人とかかわり，そこに喜びを見いだせれば，対人関係の中で自ら自分というものを建設的にイメージしていく。人とのかかわりを通して，自分というものを形づくっていくのである。まさに「人は人の間で人になる」のである。

親和動機とは

　人とかかわりを求める欲求を心理学では「親和動機」という。その人の対人関係形成のあり方を左右するのが親和動機であり，結果として自己の確立そのものに影響を与えるのである。親和動機は大きく4つに分かれており，かつ，階層化している。簡単に説明すると次のとおりである。

> ■親和動機
> A：情緒的サポートを求める欲求
> 　精神的につらいときや不安なときに，頼りになる人を身近に求める欲求。幼少期に親子関係の中で，十分満たされることが期待される欲求である
> B：共感を求める欲求

共感してくれたり，存在価値を認めてくれたり，肯定してくれる人と一緒にいたいという欲求。小・中学校時代に友達関係の中で，十分満たされることが期待される欲求である

C：社会的比較をする欲求
　自己評価や状況を把握するために，比較対象する他者を求める欲求

D：刺激を求める欲求
　かかわり合うことで満足感・活気，楽しさが得られる他者を求める欲求

　人が対人関係を通して，自己を確立させていくプロセスをたどるためには，人を求める4つの欲求が，次のように階層化して作用している。

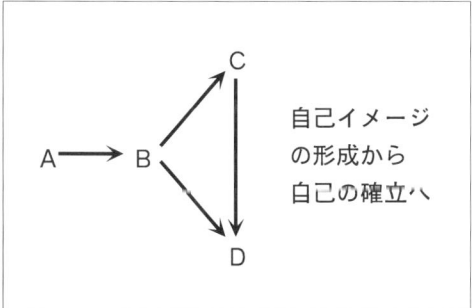

自己イメージの形成から自己の確立へ

　Dのいろいろな考え方をもった人々と積極的にかかわって自分を成長させようとする欲求は，じつはA，Bの欲求が十分満たされていないと，建設的に喚起されないのである。前述の大学生がいい例である。
　また，A，Bの欲求が十分満たされないと，一見Dの欲求に動機づけられた行動に見えても，刹那的でその場かぎりの表面的な盛り上がりをつまみ食いするような，じつはA，Bの欲求の代償行為であるものも少なくない。
　さらに，A，Bの欲求が十分満たされないと，Cの欲求がゆがんで現れる場合もあ

る。自己評価をするために他者をみるのではなく，自己満足の手段として他者比較をするようになるのである。そうなると，陰口などを言って相手を引き下げたり，劣等感や逆に変な優越感に支配されたりするのである。また，人の目（評価）がとても気になって，自分の素直な感情表現ができなくなってしまうことも多いのである。
　母親から離れられない母子分離不安や，いつも教師につきまとう小学生，周りに合わせるだけの中学生も，じつはAの欲求が十分満たされていないことが考えられる。
　人とかかわりたいという欲求も，発達と同様に，階層のより下の欲求を十分満たさないと，なかなかその上の欲求をもてないものなのである。
　小学生だから，もう中学生なのだから，もっといろいろな友達と積極的に遊びなさいと叱咤しても，当の本人にはつらいだけの場合も少なくない。
　その子どもの欲求のレベルを把握し，それに見合った援助が必要なのである。

小学生の発達に必要な援助

(1) 内なる自信と外に対するマナー，双方向への援助を

　小学校の先生方が苦労している大きな問題は，基本的な生活習慣や社会性が年相応に身についていない子どもが増えてきており，学級という集団がなかなか組織できないことではないだろうか。
　人はただ集まれば集団になるのではない。一定のルールのもとに所属するメンバー同士に対人関係が成立し，一つの集合体として動けるシステムを確立して，はじめて集団というのである。
　つまり，対人関係を成立させる一定のルー

ル，人間関係のマナーを家庭内でしつけられてこない子どもがとても多くなってきた結果，学級という集団としてのシステムも確立できず，授業などの集団活動が成立しにくくなってきたのである。

また，小学生は学ぶ楽しさを身につけさせたい時期であり，一人一人の個性を伸ばしてあげたいものである。しかし，一人一人の個性が集まった学級集団の中で，お互いの個性がぶつかり合ったとき，自分の楽しさの追求が相手の楽しさの追求とぶつかり合ったとき，どのように問題解決すればよいのかは，同時に学ばせなければならないことである。自分の楽しさ，個性があるのと同様に，相手にも楽しさと個性があることを学ばせなければ，真の個性を尊重する教育にはならない。

したがって，小学生の発達の援助の中心は，以下のようになる。

> ■小学生の発達の援助の中心
> ①どうすれば，学ぶ楽しさを感じさせながら，自分に対する自信をつけさせるのかという，小学校段階の課題
> ②自分の感情をコントロールできるようになり，対人関係のルールやマナー，集団生活のルールやマナーを身につけさせる

この①と②を並行し，さらに，小学校以前の課題も含めた内容を達成させるような援助を行うことなのである。

(2) 情緒的サポートと共感を求める欲求を満たす

その際に大事なのが，子どもの「情緒的なサポートを求める欲求」を教師が満たせるかどうかである。子どもがみんなで取り組める前提には，頼りになる受容的な存在が必要だからである。教室の中では，最初のその存在は確実に教師である。とくに低学年は，つねにその欲求を満たしてあげなければ，子どもたちの級友とのかかわりにも支障をきたす。中学年もその傾向の子どもは少なくない。

つまり，小学生の発達に必要な援助は以下のようになる。

> ■小学生の発達に必要な援助
> 「情緒的なサポートを求める欲求」を満たしてあげながら，「共感を求める欲求」の相手を教師だけから，徐々に友人へと移行させ，その友人関係の輪を広げてあげること

これらの欲求がある程度満たされたなかで，さらにそれを向上させるためにはルールやマナーが必要なことを説明し，同時に，基本的なルールのもとで，みんなで活動したらとても楽しかったという体験を数多くさせることが必要なのである。そのなかで，子どもたちは自ら発達の課題を達成していくのである。

このような体験に構成的グループエンカウンターが活用できるのである。相手から傷つけられないルールのもとで，試行錯誤ができるからである。そして基本的なルールのもとになるものがソーシャルスキルなのである。

中学生の発達に必要な援助

(1) 仲間との一体感が心の安定につながる

中学生の学校生活のいちばんの楽しみは，友達とのコミュニケーションである。そして同時に，学校に行きたくない理由のトッ

プも友達関係の問題である。つまり，中学生にとって，友達とのかかわりは，彼らの心的世界では非常に大きな比重を占めているといえる。

思春期に入ると，子どもたちは第二次性徴が発現し，心理的にも親や家庭から自立しようとする。その形態は，親の考えを否定するような反抗の形をとる。しかし，親や家庭を否定しても一人で自立していくほど自我が成熟しておらず，家庭に代わる同性同輩の仲間集団を必死に求めることになる。そして，そのような仲間集団に所属し，仲間と一体化した態度や行動をとることによって，精神的に安定するのである。

そして，仲間関係から生まれるアドバイスや支持，プレッシャーを拠り所として，自分の行動を決めていくことができ，心を発達させることができるのである。

よく，グループ内で走り使いをさせられている生徒がいる。そんな待遇を受けているのなら，そのグループから離れてもいいだろうと教師は思うが，当の本人にはグループに所属していることがとても大事なのである。それほど，仲間集団の一体感（同一化）がなければ心を安定させられないという思春期の中学生の心理は押さえなければならない。親和動機でいえば，「情緒的サポートを求める欲求」と「共感を求める欲求」がとても強くなり，その対象が仲間集団に向かうのである。

また，中学生の時期は親から離れたいという欲求が強いものの，自分に対する確信がもてないため，周囲の友達と自分を比較し，自己の価値を確認しようとする。つまり「社会的比較をする欲求」も強まってくる。このため，他人の目（評価）を非常に気にし，対人関係がぎこちなくなったり，傷つくことがこわいので，仲間と思えない相手には距離をとるようになる。

このとき，自分を肯定してくれ，支え合える友達がいない場合，自己肯定感が低下し，対人不安が強まってくる。

(2)中学生の発達援助の視点

したがって，中学生の発達の援助も，この集団への同一化の視点が中心となる。

柱は次の2点である。

> ■中学生の発達の援助の中心
> ①学級内に適切な仲間集団をもつことができるような援助
> ②仲間集団が建設的な行動を志向するような援助

まず，①の「学級内に適切な仲間集団をもつことができるような援助」について考えたい。小学校時代にうまく友達づくりができなかった子どもは，中学校時代にも困難を伴う。つまり，ソーシャルスキル（人とつきあう技術）が未熟なため，仲間を求める欲求があるにもかかわらず，友人関係が形成できないからである。また，それが劣等感になっている生徒もおり，対人関係に強い緊張を伴うことも多い。

そこで，グループ体験をさせることは絶好の援助となる。一定のルールのもとで，必要以上に傷つけられないで人とかかわる機会がもてるからである。この体験が，ソーシャルスキルの訓練にもなり，友達をつくるきっかけともなる。

これは，対人関係が苦手な生徒だけでなく，一般の生徒にも有効である。すでに形成している仲間集団が排他的になったり，非建設的な方向に向かうのを修正することも可能になるからである。

②の「仲間集団が建設的な行動を志向す

るような援助」とは，学級内のいくつかの仲間集団が親和的になるような援助のことである。親からの自立を志向し，そのために仲間集団に同一化を求める中学生は，仲間集団の影響を強く受ける。仲間集団が建設的な行動を志向する場合，その影響は自己の確立にとてもプラスの働きをする。

(3) 特定グループの孤立を防ぐ

しかし，横の関係の仲間集団はときに暴走しやすく，歯止めがかからなかったり，非行にいたる可能性もある。そのグループのメンバーがグループ内のメンバーとしかかかわらなくなり，ほかの人々とのかかわりから切り離されていることが特徴である。グループを覆う発想が一方的になり，煮詰まっていくのである。そうなってから教師が指導しようとしても，逆に反抗する可能性が高い。

そこで，さきほどのグループ体験を定期的に実施して，特定のグループが学級集団から孤立するのを防ぎ，ほかの友達たちと定期的なかかわりを確保できるようにすることが予防となる。

(4) 排他的グループの子どもへの援助

また，仲間の結束を高めるために排他的になり，ほかのグループと対立することもままある。グループ内にメンバーを結びつける親和関係や，共通の関心事などの求心力がない場合，そのグループのメンバーが結束を固めるためにとる手段は2つである。
○ほかの人々に聞かれたくない秘密を共有する
○共通の敵をもつこと
である。

これがグループ非行の原因になったり，グループ間の対立を生むのである。

このような形でしか結びついていないグループは，外部からは一見グループの結束が固いように見えても，メンバー同士の関係は良好ではないことが少なくない。生徒はどこかのグループに所属していないと不安なので，そのグループにしがみついているだけかもしれないからである。

したがって，中学生の発達に必要な援助は以下のようになる。

■中学生の発達に必要な援助

互いに支え合い，本音の感情交流ができる仲間集団に所属できるように，そして，その仲間集団を心の拠り所として，ほかの人たちとも建設的にかかわれるように援助してあげること

これが，生徒の心の発達を援助することにつながるのである。

その内容については，グループ体験だけではなく，学級内の集団活動への取組みもたいへん有効である。

ただし，「集団」ということが中心になる集団主義になってしまわないよう注意が必要である。集団の目的達成のために個人が消えてしまうというのではなく，集団の一員として活動できたことが自分にとって意味があり，喜びが感じられるような展開が望まれる。

合唱祭や体育祭，グループ学習などの結果よりも，取り組んだ過程が，生徒の心の発達に大きく影響するのである。中学校の教師は，グループの育成，対応の仕方のスキル，リーダーシップのとり方の力量が，より問われるといえるだろう。

最後に，キレる中学生に対する援助については，次節のソーシャルスキルの領域で説明する。

3 プログラムの基礎理論

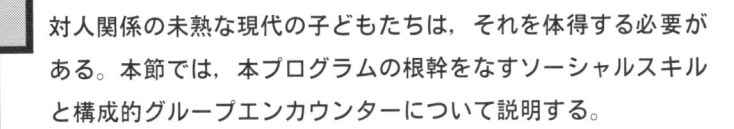

対人関係の未熟な現代の子どもたちは，それを体得する必要がある。本節では，本プログラムの根幹をなすソーシャルスキルと構成的グループエンカウンターについて説明する。

対人関係が苦手な子どもたち

(1) ヘッドフォンでバリアをはる大学生

いまの子どもたちは対人関係が苦手だといわれるが，それは小・中学生にかぎったことではない。

私の勤務する大学で，ヘッドフォンを付けたまま講義を受けている学生がいた。注意をすると，「大丈夫です。音は流していないので，授業は聞こえていますから」と言う。そして，授業が終わればすぐにスイッチを入れて音楽を聴きだし，だれかが話しかけるすきを与えないのである。

ほかにも，マンガ本や雑誌を片時も離さない学生がいる。講義が終わり休み時間になればすぐにページを開き，黙々と読み出す。彼らにとって，ヘッドフォンやマンガ本は，「俺にかまってくれるなよ」というバリアなのである。

こうした学生は昼休みでも，人の集まる学食などへは行こうとせず，教室や校庭の片隅で一人でパンをかじっている。人とうまくかかわることができず，人間関係を避けているのである。このような大学生は少なくない。

また，さきにも述べたように，大学生がまるで中学生のように，3～4人で始終くっついて行動している。しかし，このグループは表面的なつきあいであるため，「いかに生きるか」といった深い悩みを打ち明け合うこともなく，人間関係が自己の確立に作用していないのである。

(2) 傷つきやすい子どもたち

また，いまの子どもたちはとても傷つきやすい。なぜだろうか。感情に着目してみてみたい。

私の70歳になる父は，近所の人のゴミの出し方が悪いとそれを注意している。私が「いまどきそんなことをすると，近所で嫌われるよ」と言うと，返ってきた言葉は「それがどうした」——だった。

いっぽう，私には平成4年生まれの娘がいるが，その娘が夏休みのある日，それまで喜んで通っていた学校のプールに「行きたくない」と言い出した。理由を聞くと，異学年のあまり知らない子どもに「あなたきら～い」と言われらしいのである。娘はその言葉に打ちひしがれ，悲しみに沈んで，楽しみにしていたプールに行けなくなってしまったのである。

つまり，どういうことか。感情のキャパシティに大きく差があるのだ。

70歳の父は戦時中，防空壕に身を隠していた際に爆撃を受け，土から掘り起こされ

た経験をもち，B29の空襲によって，何人もの友達を失っている。そんな深い深い悲しみの経験をもつ父にとって，ご近所で嫌われることなどは「それがどうした」なのである。

いっぽう，平成生まれの娘を含め，豊かな物に囲まれ，刺激のある生活を送っているいまの子どもたちは，小さなことでは喜べないし，逆に小さなことに過剰に反応して，大きく傷ついてしまうのである。

そして，少子化により，いつも家族の注目のまとであり，いつも認められていたいという承認欲求が非常に強く，少しでも「認められていない」と感じると，被害者意識をもってしまうのである。

こうしたことが，いまの子どもたちの感情の特徴だと思う。

ソーシャルスキルとは

(1) ソーシャルスキルとは，対人関係を営むコツ

子どもの健全な発達を促すには，良好な対人関係や集団体験が欠かせない。しかし，子どもたちの対人関係の稀薄さが，不登校やいじめなどのさまざまな問題の背景にあるといわれている。対人関係の稀薄さを生む背景に，何か問題があるとすれば，それは人とうまくかかわれない子どもが多くなったということだろう。対人関係を営む技術が未熟なのである。

この対人関係を営む技術，すなわちコツを「ソーシャルスキル」と呼ぶ。

(2) ソーシャルスキルの未熟な子どもたち

多くの大人たちは子どものころ，このソーシャルスキルを意識しないうちに，家庭生活や地域社会で身につけたことだろう。たとえば，あいさつの仕方を親にしつけられた。兄弟姉妹とのかかわりのなかで，年上，年下の者とのかかわり方を身につけた。家族と近所の人とでは，話し方のていねいさに違いがあることを学んだ，などである。

これらを身につけることで，人とのかかわりがスムーズになったのである。そして，当時は学級のほとんどの子どもたちが，だいたい同じようなソーシャルスキルを身につけていた。したがって，共通にもっているソーシャルスキルを，人とかかわり合ううえでの暗黙の約束事として，子どもたちはある程度行動できたので，現代の子どもたちよりも人づきあいに神経を使わなくてもすんだのではないだろうか。

しかし，現代の子どもは，このソーシャルスキルがあまり身についていない。したがって，学級の中にも，人とかかわり合ううえでの暗黙の約束事が定着していない。話しかけても期待される反応が返ってこないとしたら，子どもは自分が傷つくのが嫌だから，話しかけないほうがマシ，かかわらないほうがラクということになっていく。こうして対人関係が稀薄化していくわけである。

また，ソーシャルスキルの未熟な者同士が自分を主張しあうと，トラブルやいがみ合いが多発することになる。

学級の子どもたちがバラバラでまとまりがない，子どもたちが集団で活動できない，教師の話をじっと聞いていられないなどで，苦労している先生方は多いと思う。しかし，それらのことは，ソーシャルスキルの未熟な者が，共通のソーシャルスキルが定着していない集団に集められて，あまり楽しくないことをやらされるとしたら，当然起こる光景だともいえるのである。

(3) スキルの定着は学級経営の第一歩

　家庭教育がなっていない，親のしつけができていない，たしかにそうかもしれない。しかし，それを指摘したところで目の前の子どもたちには何の対応にもならない。

　ソーシャルスキルの未熟な子どもたちが，学級という枠の中に，30人前後集まっている。そして教師はこの子どもたちに，一定の学習や活動に取り組むように，方向づけなければならないのである。ならば子ども一人一人にソーシャルスキルを教え，学級内に共有できるソーシャルスキルが定着するように働きかけ，子ども同士のかかわりがスムーズにいくようにすることが，教師の学級経営の重要な第一歩になるのである。

定着させたいソーシャルスキル

(1) 配慮のスキルとかかわりのスキル

　では，子どもたちに教える必要があるソーシャルスキル，学級内に定着させたい共通のソーシャルスキルとは何だろうか。

　集団活動に取り組む際に，どのようなソーシャルスキルを活用しているのだろうか。

　私は小・中学生約6000人を対象に，学級生活で活用しているソーシャルスキルを調査し，その最大公約数を抽出した。それを質問項目にしたのが84ページである。

　小学生と中学生とはその内容に若干の違いがあるものの，2つの柱は変わらないのである。

■ソーシャルスキルの2本の柱
①配慮のスキル
　対人関係における配慮のスキル。「何か失敗したときに，ごめんなさいと言っていますか」「友達が話しているときは，その話を最後まで聞いていますか」など，対人関係の基本的なマナー
②かかわりのスキル
　人とかかわるきっかけや関係の維持，感情交流を形成するかかわりのスキル。「みんなと同じくらい，話をしていますか」「自分から友達を遊びに誘っていますか」など，能動的な行動が伴っている

　この二つの領域からなるスキルが，小学生・中学生が学級生活において意識している（相手が行ったときに気がつく），そして活用しているソーシャルスキルである。いうなれば，学級生活を送るうえで必要な，基本となるソーシャルスキルであろう。これらのソーシャルスキルをうまく活用することが，ほかの子どもから受け入れられ，友人関係をスムーズに営む条件となるのである。

　ただ，注意しなければならないのは，この二つの領域の関係である。結論から言えば，学級内でほかの子どもから慕われ，対人関係や集団活動へのかかわりが良好だった子どものソーシャルスキルの特徴は，〈配慮のスキル〉が高い得点で，かつ，〈かかわりのスキル〉も高い得点だった子どもである。つまり，両者のバランスが重要なのである。

学級でうまくいかない子のスキルの特徴

　ほかの子どもとうまくかかわれず，友達から支持されない子どもとはどういう子どもだろうか。

(1) 非社会的な子どものソーシャルスキル

　引っ込み思案，孤立気味で，教師から非

社会的と認識される子どものソーシャルスキルの特徴は，次の2つのタイプがある。

> ■タイプ①
> 〈配慮のスキル〉と〈かかわりのスキル〉がともに低い得点の子ども
> （周りの子どもから好かれず浮いてしまい，孤立することがとても多い）
> ■タイプ②
> 〈配慮のスキル〉の得点は高いが，〈かかわりのスキル〉の得点が低い子ども
> （周りから排斥されることは少ないが，友達をつくれない。本人はとてもストレスが高まっていることが多い）

タイプ①の子ども――周囲から孤立

小学校では，非社会的なタイプ①の子どもが，周りの子どものからかいなどでストレスをためたときなど，靴かくしなどの幼稚な反社会的な行動をしたり，物を投げつけるなどのパニックを起こしたりする場合がある。

タイプ①の子どもは，幼児期，小学校時代を通して，社会のきまりや周りの状況と自分の欲求や感情が葛藤した場合に，周りに受け入れられる形で解決する仕方を，身につけていないと考えられる。逆に，暴れたり，騒ぐことで，自分の欲求を通す方法を身につけてしまったわけである。

中学校までこの状況を引きずっている子どもは，小学校時代も，「あの子にはかかわらないほうがいい」という形で，周りからほうっておかれた子どもが多いのである。

タイプ②の子ども――友達をつくれない

同様に，中学生で，普段はおとなしくまじめだった子どもが急に爆発する，いわゆるキレる子どもも，非社会的なタイプ①，タイプ②の子どもに多いと考えられる。

友達をつくるのが苦手な②のタイプの子どもは，社会のきまりや周りの状況と自分の欲求や感情が葛藤した場合に，自分の欲求を抑えることで，その場をやり過ごしていた子どもである。自分の欲求を抑えられる範囲のうちは，まじめに振る舞うことで，周りの評価を得ていたわけである。しかし，その不満が子どもの許容量を越えてしまった場合，自分をコントロールできなくなってしまい，爆発，キレてしまうのである。

(2) 反社会的な子どものソーシャルスキル

自分の思いどおりにならないと感情的になったり，ほかの子どもを攻撃するような，教師から反社会的と認識される子どものソーシャルスキルには，次のような特徴がある。

> ■タイプ③
> 〈配慮のスキル〉の得点は低いのだが，〈かかわりのスキル〉の得点が平均以上の子ども
> （相手の気持ちや周りの状況を考えずに，自分の思いを相手にぶつけてしまう）

自己中心的で，相手の状況や気持ちを考えず，自分の気持ちをぶつけるため，この子どもの周りにはつねにトラブルがつきまとう。

同じタイプの子ども同士が徹底的に反目しあうことも少なくない。

ソーシャルスキル指導の留意点

(1) 何より大事な実体験

「ソーシャルスキルを学習させる」とは

どういうことか。「人とつきあうための大事なマナーなのだから、しっかり守りなさい」と指導しても効果は得られない。

子どもたち自身がその必要性を理解し、ソーシャルスキルにそった行動をしたら、友達との関係が良好になったという体験が必要なのである。その結果、自ら意識して活用するようになるのである。自分から進んでできなければ、結局は身につかない。

ソーシャルスキルの習得には、グループなどでの体験学習が必要である。人とのかかわりのコツは、いろいろな人とさまざまな状況に合わせて、微妙な間合いを会得する必要があるからである。そのためには、頭で考えているだけではダメで、体験を通して自分なりのコツを身につけるしかない。

(2) 般化させるための具体的手段を

また、特定の時間だけソーシャルスキルが活用できるというのでは、スキルが身についたとはいえない。たとえば、クラスでエンカウンターをするときだけは、自分の思いを話せるというのでは、実施した効果は低い。それが日常生活でも、意識しないで自然とできるようになることが、最終目標である。

それゆえ教師は、学級で特定の時間にソーシャルスキルのトレーニングを行う際には、学習した内容が、日常でも活用されるための具体的な手段を講じることが、トレーニングを実施するのと同じくらいに大切なのである。

たとえば、「聞く・話す」というソーシャルスキルのトレーニングを例にとると、モデルを模倣させる段階ならば、いい例と悪い例をイラストなどで例示したものを黒板にはる。そして、その行動の特徴を教師がモデルを示しながら解説し、最後にポイントを黒板に板書して整理する。短く、わかりやすく、具体的に、である。

ポイントもやはり、その段階に合わせることが大事である。「聞く」ならば、「途中で言葉をはさまず最後まで話を聞く」の段階から、「興味をもって聞いていることを相手に伝わるように聞く」（うなづき、目線、など）まで幅が広い。

学級の段階に合わせるとは、学級の子どもたちの8割以上ができるような内容から実施するということである。適切な量と内容があるのである。子どもたちに「できた」という体験を積み重ねることが大事であり、教師としてほめる言葉かけができる展開がいいのである。

(3) ソーシャルスキルの習得で個性が花開く

ソーシャルスキルの学習は、すべての子どもが同じように振る舞うことを学習させる、画一化をめざすものではない。

せっかくの自分の個性や思いがあるのに、ソーシャルスキルが未熟なため、それが自由に表現できないマイナスを是正するために、学習させるものである。自分の思いがあり、それを周りの人に受け入れられる形で伝えることのできるソーシャルスキルがあれば、その子どもの個性は学級の中で、より花開くことだろう。

ソーシャルスキルトレーニングとは

(1) 意欲を喚起する流れをつくる

子どものソーシャルスキルを訓練するには、個別で行う場合と、集団で行う場合がある。学級内に定着させたいソーシャルスキルは学級全体で、特定の子どもの援助には個別で行うことになる。

いずれも、子どもたちの意欲に下記のよ

うな一連の流れをつくることが大切である。

```
■意欲の一連の流れ
「なるほどやってみたいな」
      ↓
「やれそうだな」
      ↓
「なんとかできるな」
      ↓
「これからもすすんでやっていこう」
```

(2) トレーニングの骨組

次に，ソーシャルスキルトレーニングを，学級全体で行う場合，個別で行う場合の両方に共通する骨子を説明する。これらは一連のプログラムとして，通して実施されることが多い。

学校では日常の学級生活の中で定着・活用され，子ども同士のコミュニケーションを向上させるのが目的なので，帰りの学級活動などのちょっとした時間，学級生活にかかわる機会をとらえて，意識して教師が働きかけることが大事であろう。

```
■トレーニングの骨組
教示――学習すべきスキルを特定した
    うえで，スキルと訓練する意義と意
    味を教える
モデリング――よいモデルや悪いモデ
    ルを見せて，ソーシャルスキルの意
    味や具体的な内容を理解させる
ロールプレイ――特定のスキルについ
    て，仮想場面を設定して，言い方や
    態度を練習させる
強化――練習中に適切な行動ができた
    場合など，ほめたり，微笑んだり，
    注目したりして，その行動をとる意
    欲を高める。何でもほめるのではな
    くて，具体的なスキルについてほめ
    ることが大事。子ども同士でいいと
    ころを認め合う取組みも有効
```

構成的グループエンカウンターとは

(1) エンカウンターでふれあいの体験を

気心が通じる相手とのふれあいのある人間関係は，快適な生活を送るうえでの重要な条件でもあるし，そのこと自体が生きる目的ともなる。構成的グループエンカウンターは，それを人工的に体験することで，生きる力と意欲，そして技術を身につけることができる。大切なのは，人とかかわる喜び，集団体験の喜びを，自身で経験できることだろう。これがあってはじめて，生きる力と意欲をもち，そして技術を身につけることにつながっていくのである。

詳しくは後述するが，学級の状態に合わせて，構成の仕方を強めたり，弱めたり，リーダーシップの発揮の仕方も変えていくのである。エクササイズを学級の状態に合わせてアレンジすることが，教師の腕の見せどころである。

構成的グループエンカウンターの基本的なエクササイズは，2章に掲載している。また，エンカウンターの詳しい内容については，國分康孝監修『エンカウンターで学級が変わる　パート1, 2, 3』『エンカウンターとは何か』（図書文化）を参照いただきたい。

(2) 展開の流れ

構成的グループエンカウンターは，その活動のねらいをある程度定めたプログラムをもとに，リーダーが時間や人数を配慮した課題を提示しながら展開する，教育的側

第1章 心を育てる学級経営とは

面の強いグループ体験である。

> ■一般的な流れ
> ①インストラクション
> ②ウォーミングアップ
> ③エクササイズ
> ④シェアリング

　以上の4つがワンセッションとなるのが構成的グループエンカウンターの展開の一般的な流れである。次に、各々がもつ意味を簡単に説明する。

> ①インストラクション
> 　これから取り組む活動の目的や方法を、リーダーが簡潔に具象的に述べること
> ②ウォーミングアップ
> 　取り組む前のメンバーの緊張を緩和したり、その後に続くエクササイズの意欲を喚起したりする活動である
> ③エクササイズ
> 　心理的成長を意図してつくられた、グループ体験の課題である
> ④シェアリング
> 　直前のグループ体験を通して得た感情や思いを、自分の中で、そしてほかのメンバーとわかちあうことを通して、意識化することである

　この一連の流れが、グループカウンセリングに近い機能を発揮し、自己・他者理解やメンバー相互の信頼感の育成、対人関係能力の育成につながるのである。
　いくつかのセッションを組み合わせてプログラムを作り、集中的に実施するとより効果的である（4章を参照）。

ポイントは「構成」の仕方

　人とかかわることがうまくない現代の子どもたちには、人とかかわるうえである程度の枠・ルール・やり方を設定してあげることが、対人関係形成の促進になる。
　これらの構成が、ソーシャルスキルが未熟で、学級内に共有するソーシャルスキルが少ない現代の子どもたちと学級集団には、一時的な人とかかわるルールとなり、さらに、集団で活動するためのシステムとなるわけである。学校では構成的グループエンカウンターがいいといわれるのも、前述のような子どもたちの実態、学級の状態があるわけである。
　ところで、ここでいう「構成」とは、何か。

> ■構成とは
> ①「現在地」の把握――学級の子どもたちの実態、学級集団の状態（現在地）を把握する
> ②「目的地」を見つける――子どもたちの発達を援助するうえで必要な課題（目的地）を見つける
> ③「方法」を考える――現在地から目的地へたどりつくための適切な方法（エクササイズの内容、展開の仕方、リーダーの力量）
> 以上の3点を考えて設定することである。

　したがって、後述するように、エンカウンターがいいと聞いたからやみくもにやってみる、というのではなく、上にあげた「現在地」「目的地」「方法」の3つを、事前に明確にしておくことが大切なのである。

31

4 プログラム作りの手順

学級でグループ体験を活用するためには，構成がポイントになる。目的地を定めるための考え方は2節で述べたので，本節では，現在地の把握と方法の検討の仕方について解説する。

「現在地」を把握する方法

(1) 現在地の把握なくては目的地への到達なし

これからグループ体験を学級で活用しようと教師が考えたとき，学級の子どもたちの実態，学級集団の状態の把握は，まず最初に必要なことである。

しかし，これがしっかりなされていないことが意外に多い。現在地を十分把握しないまま，教師の期待する目的地に向かった場合，えてして教師の試みは理想の追求となり，現実は厳しい状況を呈する。「エンカウンターは学級活動に向いていない」と批評する教師の中に，このパターンに陥った方が少なくない。

たとえば，子どもたちの人間関係があまりしっくりいっていない状態で，内面を語るエクササイズをやった，などである。このような場合，子どもたちは抵抗をもち，しらけた態度をとるか，表面的な話題に終始するだろう。

お互いの内面を理解しあい，子どもたちの人間関係を深めたいという教師の思いはわかるが，現在地がしっかり把握できていない場合，目的地までどう歩んでいったらいいか，検討がつかないのである。どんなエクササイズを，どのように展開すれば効果的かわからないので，とりあえず知っているエクササイズを，本のマニュアルどおりにやったというわけである。

学級の状態が把握しきれていないので，とりあえず子どもたちが傷つかないようなエクササイズをゲームやレクリエーションのようにやっている，というのも同様である。たしかに，エクササイズには，レクリエーションの要素は多く入っているが，それがエクササイズの直接の目的ではない。集団体験を手段として子どもの自己の確立を援助することが真の目的なのである。集団初期のような学級集団の発達段階ではゲーム性を前面に出し，楽しい体験を重ねることが大事であるが，そこでとどまってしまわず，学級集団の状態に合わせて，徐々に内面に向かうエクササイズを実施していくべきだろう。

教師が目標とする子ども像，めざす学級像という目的地をもつことは大事である。しかし，あくまでもスタートは現在地からである。そこからどうするかである。まず，学級の子どもたちの実態，学級集団の状態をどう把握するかなのである。

(2) 内面を調査する尺度を活用する

子どもたちの心，学級集団の状態を100％完全に把握することなどできない。把握

する方法も十分確立しているとはいえない。だが，ここをいいかげんにすると，せっかくの取組みが，教師だけの思い入れの産物となり，深まっていかない。

　子どもたちの心，学級集団の状態を把握する教師なりの視点・座標軸を定めておくことが必要なのである。実践していくなかで，その座標軸上でどう変化していくかによって，教師の働きかけが学級や子どもたちにどのような影響を与えているかが見えてくるのである。

　私は，子どもや学級の日常的な観察とともに，子どもの内面を調査する尺度の活用を勧めたい。これなら，時間がかからず活用しやすいからであり，出てきた数値が何らかの指標となるからである。その数値をどう理解し生かすかを考えることが，子どもや学級を観察する具体的な座標軸となるからである。

　ではどのような尺度がいいのだろうか。

　心理学では，人の性格を理解しようとしたとき，その人の行動や生起した感情の結果をタイプ分けする方法と，その人が行動したりするときの動機を調べる方法とがある。私は後者の方法を勧めたい。子ども同士の人間関係の形成を通して，学級集団を育成するという考え方にマッチしているからである。

　具体的には，手前味噌で恐縮だが，私が開発したＱ－Ｕ（図書文化）を勧めたい。その理由は，次の５つである。

■Ｑ－Ｕの特徴
① すでに何万人もの子どもたち（学級）が利用しており，データの蓄えが豊富で，自分の学級の状態を推測し，対応する予測がつきやすい
② 標準化されている（妥当性と信頼性が証明されている）
③ 子どもの理解と学級集団の理解が同時にできる。子どもたちの学級生活の満足感を測り，その分布図を書くことによって，学級集団の状態が推測できる
④ 実施に10分，集計に40分と短時間ででき，教師が活用する際に専門知識を必要としない
⑤ 結果が簡単に図示できるので，何回か実施するなかで，子どもと学級の状態の変化がつかみやすい
（※Ｑ－Ｕの詳細は88ページを参照）

「目的地」の設定

(1) 現在地を踏まえたうえでの目的地の設定

　Ｑ－Ｕを実施した場合，最初の結果だけにこだわってはいけない。その結果をどう理解し，これから具体的にどう対応するかを検討するかが大事なのである。つまり，現在地を踏まえたうえでの目的地の設定である。

　目的地を設定するポイントは，子どもたちが学級生活の満足感を高める対応の①②③（①傷つけられないという安心感がもてるような手だてを行う。②認められる場面や友人から認められる方法を設定する。③友人とのかかわりや，学級集団での活動・学習活動で楽しめたり，満足感・充実感を得られるような手だてをする）を，順次一歩ずつ積み重ねるために，２カ月で取り組めそうな地点を設定する。

　学級生活に満足感をもっている子どもともてない子どもとをリストアップすることで，自分の学級ではどういうことが満足感につながっているのかを把握することがで

きる。そして、その内容が妥当か、一部の子どもだけが得ることができる内容ではないかを考える。たとえば、よくあるケースが、その学級で満足感の高い子どもは、勉強ができて、スポーツも得意な子どもが多い。そして、そういう子どもとは教師は冗談なども言い合うことが多いのである。つまり、教師から高い評価を得ている子どもたちは、教師とのコミュニケーションも豊富なのである。その反面、対極にある子どもたちは教師からの評価も低いばかりか、教師との関係もうといのである。

また、特定のグループの子どもたちは満足感が高く、違うグループの子どもたちは満足感が低いということもよくあることである。

教師は自分の担任する学級では、どういう子どもたちが満足感が高くなっているのかを知ることによって、自分の評価の視点がみえてくるのである。そのうえで、すべての子どもが満足感を得られるために、どのような内容を増やすかを列挙するのである。

その後に、具体的な対応、つまり方法の検討をするわけである。

(2) 方法を検討する

方法を検討する場合のポイントは、まず学級全体に働きかける内容と、特定の子どもへの個別援助の内容を明確にしておくことである。

目安として、学級の1割の子どもにかかわる内容ならば個別援助、3割を越える子どもがかかわる内容ならば早急に学級全体への取組みを考えるというぐあいである。学級全体への取組みの一つとして、グループ体験の活用があるわけである。

次のポイントは、取り組む内容をできるだけ具体的に設定することである。「すべての子どもが認められる場面を増やす」という抽象的なものはではだめである。そのために、帰りの会で生活班を活用し、2人組で今日一日の相手の「いいとこさがし」のエクササイズを5分間やる、という具体的な計画を設定するのである。

(3) 取組みの効果を「再検討」する

2カ月たって一連の取組みを行ったあとに、もう一度Q-Uをやることで、その成果がわかる。

良好ならば、継続しながらさらに深める取組みに移行し、効果がみえなければ、方法を再検討する必要がある。再検討する場合でも、よかったかどうかではなく、どの取組みが効果があったかどうかを検討するのである。

そのうえで、取捨選択したり、やり方の修正を具体的に考えるのである。いい悪いの是非を問うのではなく、いまよりもよくするためにはどうするかという、問題解決志向の視点が必要である。

現在地を踏まえた目的地の設定、方法の検討、再検討という一連の取組みをすることで、心の教育、学級集団の育成を系統立ててすることができる。できれば、これらのプロセスを学年会などで話し合いがもてると、より内容が深まり、学年の連携にもつながる。

個々の子どもの実態や学級集団の状態を理解する方法と、具体的な事例を通した説明は、3、4章で行う。

5 効果的なリーダーシップ

学級集団の育成の方法を考えるとき，教師のリーダーシップは大きなキーポイントである。教師が効果的なリーダーシップを発揮し，その有効性を高めるための方法を解説する。

教師のリーダーシップ

(1) 複雑な要因から生まれる「成果」

心の教育の展開，学級集団の育成の方法を考えるとき，大きな前提となるのが教師の存在である。その教師の雰囲気から，授業の仕方，子どもへのかかわり方などの一つ一つが，設定した方法の成果を左右する，とても大きな要因である。それゆえ，前述の現在地・目的地・方法が明確にされていないなかで教育実践が進められていくと，学級の状態や子どもの実態は，すべて教師の指導力の問題で片づけられてしまう。

指導力といわれても，授業や活動，日々の子どもとのかかわりなども含めて多岐にわたっており，一つの視点で評価することはむずかしい。しかし，その個々の指導に影響を与えるのが，リーダーシップである。

(2) 教師のリーダーシップとは

一般的にいうリーダーシップとは何か。

■リーダーシップとは
集団目標達成のために，一人一人のメンバーが連帯感をもちながら，自分の能力・考えを発揮できるように援助すること

これを見てもわかるように，担任教師は，まさに学級集団のリーダーである。そして，最終的な学級という集団の目標は，子ども一人一人の自己の確立を援助することと，それを促す学級集団の育成である。

(3) 万能なリーダーシップはない

高度経済成長期，熱血教師が理想の教師像として注目された。しかし，その当時の若手や中堅の教師がベテランとなった現在，学級崩壊はそういうベテラン教師の学級に多いという話も聞く。また教育実践にカウンセリング的対応を生かすことを研修会で学び，実践してきたが，どうも学級がバラバラでまとまらないという教師もいる。何が悪いのだろうか。

大事な点は，すべての子どもや学級集団に通じる理想の教師像，有効なリーダーシップスタイルはないということである。子どもは変わってきており，学級集団の状態もいろいろである。１年生だから，地方の町だからという教師の先入観が，思わぬ困難を招くのである。

(4) リーダーシップの有効性

■教師のリーダーシップの有効性
S：子どもの実態と学級集団の状態

> R：教師のリーダーシップスタイル
> 「S×R」

つまり，SとRの組み合わせによるのである。前述の熱血がうける学級もあれば，教師のカウンセリング的対応で温和にまとまる学級もあるが，そうではない学級もあるということである。

すなわち，教師が悪い，指導の仕方が悪いというよりも，現在の子どもの実態や学級集団の状態と，教師がとっている対応の仕方の相性が悪いということである。

したがって，教師のリーダーシップの有効性を高めるためには，俗にいう指導力を高めるためには，まず次の3点に取り組むことである。

> ■リーダーシップの有効性を高める方法
> ①子どもの実態や学級の状態を把握する
> ②自分のリーダーシップスタイルが子どもたちにどう受け取られているかを知る
> ③①と②をもとに，SとRの相性をどう高めていくかを考える

①は前述を，③は4章を参照してもらうとして，ここでは②について解説したい。

(5)「指導」と「援助」の二本立て

教師のリーダーシップは「指導」と「援助」が二本柱である。

指導とは，専門的知識や能力をもつ専門家が，その知識や能力を子どもに教えることである。援助とは，子どもたちが出会う問題の状況を助け，自ら解決する能力を育成することである。

教師のリーダーシップスタイルは，この指導と援助の2つの面の組み合わせである。その結果，代表的な4つのタイプの教師像が生まれる。

(6)教師像の4つのタイプ

> ■教師像 4つのタイプ
> ①指導と援助をバランスよく発揮する教師
> ②指導に偏って発揮する教師
> ③援助に偏って発揮する教師
> ④指導と援助の発揮の弱い放任型の教師

②の「指導に偏って発揮する教師」は，知識や技能，社会性を身につけさせようとするタイプである。つねに指導を重視するということは，子どもを評価する視点でみていることが多いということであるから，子どもたちは教師を「評価する人」とみなしている。そのため，教師と児童生徒という役割の関係が主となってしまい，人間同士の関係が生まれにくい。このタイプは，子どもたちからの信頼があるうちはいいのだが，それが低下してくると反発を受けやすい。

③の「援助に偏って発揮する教師」は，ものごしがやわらかく，子どもたちと友達関係に近い横の関係をとろうとするタイプである。学習指導や生活指導も強く推し進めるといったことはせず，評価も厳しくない。このタイプも，子どもたちとの関係が良好なときはいいのだが，悪化すると指導が入らなくなり，学級集団の秩序が崩れてくる。

④の「指導と援助の発揮の弱い放任型の教師」は，子どもや学級集団を計画的に育成していこうという試みが少なく，子ども

たちから信頼を勝ち取ることができない。もはや，リーダーとして子どもたちから認識されない。このタイプの教師が担任する学級は，学級集団として成立せず，早期に学級崩壊に至る可能性が高い。

そして，①の「指導と援助をバランスよく発揮する教師」が一般に最良のリーダーシップの発揮の仕方とされている。このタイプの教師は，子どもの心情に配慮する援助を十分に行ったうえで，割合強い指導も行っている。子どもたちは十分に援助を受けていることで，「自分のためを思って注意してくれている」と感じ，教師の指導に自ら従おうとする。

ポイントとなるのは，指導と援助のバランスのとり方なのである。指導では教師と子どもは，教える者と教えられる者との縦の関係になる。援助では教師は子どもの自分で取り組もうとする意欲や行動を支えるわけだから，教師と子どもは横の関係になる。

そして，一つの対応には，この指導と援助の側面が重なりあっているのである。何を指導し，どの部分を援助するのか，そのうえで適切なリーダーシップスタイルは何か，という判断が求められるのである。

ただし，現代の子どもたちには，援助を前提とした指導という視点がとくに求められるだろう。

(7) 指導の場面にカウンセリングを生かす

子どもの援助にカウンセリングを生かすことはもちろん大事だが，それとともに，指導の場面でカウンセリングをどう活用することができるか，が大きなポイントとなる。子どもたちに「やりたくない」という抵抗を起こさせない指示の出し方や指導の仕方を工夫するのである。

まず，学級全体への一斉指導のときには，現在の子どもたち状態を踏まえたうえで，次のように指示・指導を工夫する。

> ■学級全体への指示・指導
> ①短く，わかりやすく，やってみたい，やればできると思える指示を出す
> ②柔軟性のある指導を展開する
> ③一連の取組みに，ふれあい・活動・振り返りの3つの要素をバランスよく取り入れる

個人への指示・指導は，それによって，子どもが自分の問題に気づき，自ら修正しようと考え，行動を変えようとさせることである。さらに，周りの子どもたちがつねに見ていることを忘れずに，本人だけでなく周りの子どもたちも，自分に置き換えて納得できる指導であることが大切である。

個人への指示・指導のポイントを要約すると，以下の4つになる。

> ■個人への指示・指導
> ①子どもの話をじっくり聞き，受容していることを十分に伝える
> ②子どもの力に合わせて，取組み方をやさしく伝える
> ③取り組む前に教師がモデルを見せる
> ④最初に少しやらせて，よかった点をほめて動機づけにする

(8) 注意・叱責は仕方の工夫が大切

注意や叱責は，教育につながる場合もあるが，劣等感や反抗心をあおるだけに終わることもある。ここで抵抗をもたれてしまえば反発されるだけである。

重要なことは，子どもたちが自分の行動に気づき，自らそれを改めようとしたかと

いうことである。

教師の注意・叱責が効果をあげるためには，教師と子どもの信頼関係がまず前提になる。両者に信頼関係が築かれていれば，「先生はぼく（私）のために注意してくれているんだ」と感じ，自ら行動を見直そうとする。

さらに，注意の仕方の工夫がポイントとなる。

たとえば，私語の多い子どもに対して，「静かにしなさい！」としかったのでは，学級全体がしらけてしまう。しかし，「○○君，何か質問がある？」と聞けば，「うん，よくわからなくなっちゃった」という展開になる。

そういったひとことの言葉かけの違いが，抵抗を生むか，自ら変容しようと思うかの分かれ道となるのである。

教師はまず，自分の言葉をチェックする必要がある。「この子は教えずらい」と思うとき，その子にどういう言葉をかけているか，振り返ってみると，子どもに抵抗を与える言葉を使っている場合がある。どうしてそうなるかといえば，子どものほうから教師が傷つくような言葉を投げかけている場合が多い。それをあびれば，教師とて人の子だから，セルフコントロールがきかなくなってしまうのである。

では，どうすればいいか。あらかじめ，切り替える言葉をもっておくことである。たとえば，「きみの言葉にはじっくり答えたいからあとで時間をとってじっくり話そう。いまは授業を続けるから」といったせりふを事前に用意しておけば，子どもの言葉に巻き込まれなくなる。ここで，カッとなって「何を！」となれば，周りの子どもたちの信頼もなくしてしまう。

カウンセリングを生かした指導ができれば，教師の言葉を子どもが抵抗なく聞くことができ，自分が悪いと感じて自ら行動を直そうとする，自ら変容しようとするのである。

(9) 反面教師から習うリーダーシップスタイル

ここで，「信頼されない教師のリーダーシップ」をみておこう。まさに反面教師として参考にしていただきたい。

〔信頼されない教師のリーダーシップ〕
① 「自己の確立の領域の場面設定での取組みの割合が少ない」

つまり，一人の人間同士として語り合う場面が少ないのである。一人の人間としての横の関係をつくるためには，ある程度の量が必要なのである。

たとえば，同じ本を読んで「先生はこう思ったぞ。君はこう思ったんだね」と日常的に語らう場面をもつこと。こういった部分の絶対量がいまの子どもたちにはとくに必要なのである。

② 「文化の継承，社会性の獲得に対して，評価意識が強すぎる」

評価意識が強い教師の場合，子どもたちはつねに上から評価されているように感じがして，息苦しい。また，教示も「これはこういうことなんだ」と断定調で終わってしまうので，子どもたちは，教わったことに対して試行錯誤ができず，したがって，教わった内容を十分に消化することができない。

指導と援助のバランスのよい教師は，指導をするときには必ず，指導の必要性と意味を説明している。生徒指導でも，頭から生徒に守らせようと強制するのではなく，ルールの必要性や守ることの意味を教え，子どもに納得させてから取り組ませようと

する。

③「文化の継承，社会性の獲得に対して，権力的である」

「権力」とは，教師役割のパワーであり，強制力である。「～しなさい」と指示したり，「～してはいけない」と禁止語を多発すれば，子どもたちはつねに命令され，抑圧されている感じがする。「おまえたちのことを思って言っているんだ」という教師の言葉も，「自分の都合で言っている」ととられ，子どもたちの心には入っていかない。

後述するように，「教師」という看板が与える威力が低下してしまったいま，子どもたちが自ら従いたくなるような魅力，「権威」を勝ち取るしかないのである。

④「自己の確立の分野も評価しようとしてしまう」

ここがいちばんむずかしいところである。

たとえば，「いいとこさがし」などのエンカウンターを学級で行い，その振り返りを行ったとする。

こうした場面で，「もっと友達と仲よくしたいと思います」と子どもが発言すると，教師がにこやかな笑顔で拍手してしまったり，逆に「私は一人でいたいので，これからも一人でいようと思います」と発言した子どもに対しては，つい苦い顔になり「そういう意見もあるか，ほかに意見は…」と話題をそらせようとする。完璧に評価が表面に出てしまっているのである。教師はこれをやってはならない。こうした自己確立の分野は評価領域ではないのである。こうした場面で評価してしまうと自由な意見は出なくなる。「先生はこういう感情表出を期待しているな」と子どもたちが思ってしまったとき，その時点でもはやそれはエンカウンターではなく，役割演技になっているのである。

さらに，それについていけない子どもたちは反発するという形で出てくる。反発しないまでも，しらけたフリをする，のれないように振る舞い，話題を変えるという形で抵抗する。

こうした自己の確立の分野で教師ができることは，自己開示である。「そうか，君はそう思うんだね。でも先生はこう思うよ」とアイメッセージを使って自己開示で応えるのである。このコミュニケーションの部分をしっかり押さえておかないと，熱意や愛情が押しつけになったり，重たいものになってしまう。

(10) 子どもたちからみた教師像を把握する

最も大事なポイントは，子どもたちからはどのタイプで受け取られているのか，という認識である。自分はどのようなリーダーシップスタイルで子どもに対応しているのかという意識よりも，相手にどのように映っているかが大切なのである。

なぜなら，子どもたちは教師の思いではなく，自分が感じた教師像に反応して行動するからである。授業で私語が多いのは，子どもたちに学習意欲が乏しい場合もあるが，教師のリーダーシップスタイルに抵抗を示しているという面もあることを，教師は考えなくてはならない。

したがって，自分は子どもたちからどのように受け取られているのかを，子どもたちとのかかわりを通して，教師はある程度把握する必要がある。

リーダーシップを発揮するために

(1) 教師と子どもとの人間関係の形成

教師がリーダーシップを発揮するうえで，

押さえておきたいポイントがある。

まず第一は，教師と子どもとの人間関係の形成ができていないと，子どもは教師の指導や援助の一面だけをみて教師をとらえて行動するようになるということである。子どもとの人間関係がないと，厳しさのなかのやさしさがわかるような，指導と援助を統合したリーダーシップを発揮することはできない。

そのためには，意識的に全員に毎日声をかけたり，子どもたち一人一人の声に耳を傾けることである。

また，機会あるごとに自己開示して，「先生は〜と思うよ」とアイメッセージを用いて，自分の経験したことや考えを語ることが大切である。お説教や自慢話にならないように気をつけ，一人の人間として率直に思いを伝えるのである。こうした積み重ねで子どもたちは教師に親近感をもつようになり，関係ができてくる。

集団形成の仕方

教師と子どもたちとの関係がついてきたら，次は子ども同士の関係づくりである。少人数のつながりから，中集団，大集団へと徐々に大きな集団へと育てていくのである。

「集団を育てる」とは，つまり，教師があれこれと指示をしなくても，子どもたちが自主的・建設的に活動できる状態へと導くことである。

(1) 成熟初期

集団内にふれあいのある人間関係を確立するためには，まずは座席の隣同士などで二者関係をつくる。

この2人組で，教科書の読み合わせなどの協同学習やゲーム性の強いエクササイズなどを頻繁に取り入れる。この時期は，いろいろな2人組を設定して，仲のよい2人組を形成するきっかけをなるべく多くつくってあげることが大切である。

ルールは，人間関係が確立していく過程で少しずつ確立されていく。子どもたちの居場所のある集団では，みんなと同じように行動しようという同一化の意識が高まるからである。

また，一方で，教師は，学級の問題を一人一人の問題として意識化させ，その解決策を指導するなかで，ルールが集団生活をよりよくすることを理解させることも大切である。

(2) 成熟中期〜後期

二者関係の次は3〜4人組に広げ，グループで協同学習やエンカウンターなどを行う。「いいとこさがし」などを通して，互いの認め合いを促進させ，徹底的に仲よくさせるのである。

成熟中期には，だれもが主人公となれる場をつくるため，さまざまな活動を準備することも大切である。このとき，リーダーが固定しないようにしたり，グループ内での役割分担の仕方などを教える。

ところで，さきに，「いまの子どもたちは，いつも特定の3〜4人で行動している」という話をしたが，同じ3〜4人のグループでも，表面的につながっている場合と，徹底的に仲のよい場合ではまったく性質が異なるのである。

表面的なつながりで一緒にいる3〜4人のグループは，不安だから一緒にいるのである。仲間うちでも承認されているという意識が低いため，秘密の共有と共通の敵をもつことで関係を保とうとする。このよう

な場合，やがて，グループ同士の対立が始まり，学級の荒れの原因ともなる。

いっぽう，深いところで結ばれたグループには「自分は認められていないのでは……」という不安はなく，ほかのグループの子どもに対しても認め合いができるので，学級はあたたかな雰囲気になる。と同時に，ほかの人ともかかわり合いたいという思いが芽生え，3～4人の枠が徐々にはずれていく。

そして，3～4人のグループ体験が十分にできたら，次は小集団を2つくらい統合した6～8人の中集団を育てる。球技のチームや調べ学習などの班を形成させ，協同的な活動に取り組ませるのである。

この成熟後期には，たくさんの取組みをさせるよりも，精選された活動に，じっくり取り組ませ，しっかり振り返ることが大切になる。

(3) 完成期

行事などをとおして中集団をつなぎ，どの子どもも複数の子とつながっている状態をつくる。

教師は，互いに認め合う視点や学級全体で取り組むことの意義などを機会を見つけては伝える。

こうしたことの積み重ねで，子どもたちの主体的に学級にかかわろうという意欲が喚起され，子どもたちの自治のある学級になる。教師は最後まで，子どもたちと日常的なコミュニケーションを楽しむ時間を確保することで，学級全体に強いつながりが生まれてくる。

学級の子どもたちの人間関係が網の目のように結ばれ，学級集団は一つにまとまり，子どもたちの居場所，心の拠り所となるのである。

なお，集団体験を展開するうえでの目安は，80ページの表を参照いただきたい。

(4) グループのフォロアーを育てる

6～8人の中集団の段階になると，グループにリーダーが必要になってくる。

ところが，「集団を育てる」といったときに，「では，まず，いいリーダーをつくろう」という発想は，いまの子どもたちには通用しない。いまの子どもたちにとって，リーダーをやることは格好のいいことではないのである。教師が「リーダーをやって」と言っても，対する子どもは「（リーダーを）押しつけられた」「仕事が増えた」と感じることだろう。

ではどうするか。特定のリーダーをつくるという発想ではなく，メンバーみんながリーダーを援護するフォロアーとなれるよう鍛えるのである。

リーダーをどのようにフォローすればいいのか，みんながフォロアーシップを身につければ，だれがリーダーになっても，グループはまとまるのである。

リーダーとなる子どもも，単にその場を仕切ればいいということではなく，フォロアーシップを十分にもっていることが大切である。リーダーを盛り上げることができる子どもが，リーダーシップをとれるというところに意味がある。これが十分にできると，学級全体で動くことが容易になっていくのである。

(5) 権威と信頼感は勝ち取るもの

教師がリーダーシップを発揮するためのポイントの第二は，その源となる「権力」と「権威」についてである。

権力は「教師」という社会的役割がもつ一種の強制力である。しかし，現代におい

て教師の権力は著しく低下している。もはやこれだけに頼って子どもを指導することはむずかしい。

いっぽう、権威とは、子どもが自主的に従いたくなるような教師の魅力である。信頼感といってもいいだろう。これには、教師のもつやさしさや親しみやすさという人間的な面と、教え方がうまい、熱心であるという教育技術の面がある。これらはどちらか一方ではなく両方必要なのである。

大事な点は、権威、信頼感は最初からあるものではなく、子どもたちから勝ち取るものだということなのである。そのうえではじめて、教師がリーダーシップを発揮する源になるのである。これがなければ、教師がいくら指示を出しても、子どもがのってこないのである。

教師がリーダーシップを発揮するための最もむずかしいポイントは、子どもとの人間関係の形成、リーダーシップを発揮する源を獲得するのに、要する時間、事前に準備する時間がないということである。そうであればどうしたらよいのか。集団の育成と活動を同時に行えばよいのである。

(6) リーダーシップを発揮するための柱

まとめると、教師のリーダーシップの発揮は、以下の4つを同時に進行させていくことである。

■リーダーシップ発揮のための4本柱
　Ⅰ．教師と子どもとの関係づくり
　Ⅱ．子ども同士の関係づくり
　Ⅲ．学級集団のシステムづくり
　Ⅳ．学級集団としての活動（授業など）

これら4つを同時に進行させていくためには、教師のある程度一貫した教育理念と、子どもや状況に合わせた柔軟性と行動力が必要なのである。

リーダーシップの発揮の目安

読んでいるうちに、これはむずかしいと思うかもしれないが、ハイレベルで実践している教師も多い。

自動車の運転と同じである。最初はとてもぎこちないものである。視界の確認とギヤのチェンジ、アクセル・ブレーキの調節など、一つ一つの動作がうまくかみ合っていないからである。しかし、慣れてくると、それらの動作を目と手と足が無意識的にやっているという感覚をもつことだろう。

ただ、一つ一つを取り出せば、教師のリーダーシップの発揮はとても高度な内容が組み合わされているのである。したがって、基本的な知識を押さえたら、あとは子どもや学級集団の状態を押さえ、自分なりの発揮の仕方を体得することが大事である。もちろん、定期的に自分のリーダーシップの発揮の状態を、再点検しながらである。

その際の大まかな基準として、子どもたちの意欲や学級集団のまとまりを、低い・やや低い・やや高い・高い、の4段階に分けると、次ページにあげる内容が目安となるだろう。

リーダーシップ発揮の目安

[子どもたちの意欲や学級集団のまとまり] ⇒ [教師のリーダーシップ]

〔段階1〕 低い⇒教示的リーダーシップスタイル

【指導】活動させる前に,人とのかかわりと学級集団のルールを,具体的に一つずつ教え,やり方・行動の仕方も教師がモデルを示してから取り組ませる。望ましくない行動には,しからずにやり方を最初から個別に教える。
【援助】不適応にならないように親和的・受容的に個別に対応する。

〔段階2〕 やや低い⇒説得的リーダーシップスタイル

【指導】活動させる前に,ルールと望ましい行動のあり方を具体的に説明してから取り組ませる。望ましくない行動には,しからずにその是非を説明し,望ましい行動をとるように説得する。
【援助】不適応にならないように親和的・受容的に個別に対応する。望ましい行動には,積極的にほめるなどの強化をする。

〔段階3〕 やや高い⇒参加的リーダーシップスタイル

【指導】活動させる前に,最低限のルールを確認してから取り組ませる。望ましくない行動には,簡潔にその行動を注意する。
【援助】より承認欲求を満たすように親和的・受容的に対応する。望ましい行動には,積極的にほめるなどの強化を全体にする。

〔段階4〕 高い⇒委任的リーダーシップスタイル

【指導】活動させる前に,自分たちでルールを確認させてから取り組ませる。望ましくない行動には,最後に注意する。
【援助】より承認欲求を満たすように親和的・受容的に対応する。望ましい行動には,ほめるなどの強化を最後に全体にする。

第2章

基本エクササイズ10

　本章では，構成的グループエンカウンターの基本的なエクササイズを紹介する。
やり方がわかりやすく，短時間ででき，スキルのポイントが明確で，
しかも新任の教師やパフォーマンスに自信のない教師でも活用できるものを厳選した。
基本形を押さえたうえで，
学級の実際の状態に合わせてどのようにアレンジするかが，
教師の腕の見せどころである。
アレンジ（構成）の仕方については，
3章のアレンジするための理論，
4章の実際の事例を参考にしていただきたい。

本章の解説

　本書で紹介するエクササイズは、ソーシャルスキルトレーニングとして活用でき、かつ、子どもたちの感情交流を促進するものである。
　したがって、人とかかわる、集団活動を行ううえでのマナーやルールを、学級集団に定着させやすいものである。
　定着とは、教師がきまりをしっかり教えて、厳しく守らせることではない。
　抵抗なく友人とかかわれる内容がルールとして定められている。そのルールにそって活動したら、なんだか楽しかった。友達と一緒に活動する喜びを味わえた。授業やほかの活動でも、同じようなやり方をすることがあるので、わかりやすいし、かかわりやすい。そして楽しい。知らないうちに、休み時間でも友達と話すとき、話し方・聞き方にエクササイズのルールを取り入れていた。
　このような流れを、教師が無理なく系統的に取り入れることが、学級集団にマナーやルールを定着させるということなのである。
　紹介するエクササイズには、次のような特徴がある。

■エクササイズの特徴
①ルールややり方がわかりやすい
②短時間でもできる
③子どもの実態や学級集団の状態によって、構成を変えて繰り返しできる
④授業や集団活動でも活用しやすい
⑤スキルのポイントが明確である
⑥卓越したパフォーマンス能力がない教師でも活用できる
⑦日常生活に連続性がある

　ポイントは、基本的な形を押さえたうえで、学級の状態に応じて、どうアレンジして活用するか、なのである。つまり、構成の仕方、どのように展開したのかが大事なのである。子どもが楽しかった、やってよかったという思いを体験でき、知らないうちに対人関係のマナーや、集団生活のルールを身につけられるように、教師が構成するのである。
　教師は、次の4つの場面に活用できるエクササイズを、少なくとも一つ会得しておけば、集団へのかかわり方に幅ができるだろう。

○緊張の緩和（アイスブレーキング）
○導入・グループづくり
○交流を促す展開
○活動の振り返り

　2章では、4つの場面に対応する、新任の教師でも活用できる、基本形となるエクササイズを紹介した。そして3章で、構成の仕方を解説したので、参照しながらポイントを押さえてほしい。
　さらに4章で、それぞれのエクササイズが、学級の状態に応じてどのように構成され、活用されているのかを、実践例の中から理解していただければと思っている。
　グループ活動を展開する場合の効果を高めるポイントは、
『何をやったのか』よりも、
『どのようにやられたのか』なのである。

第2章 基本エクササイズ10

| エクササイズ① | なんでもバスケット |

インストラクション | 留意点

教師の教示（●）と子どもの反応・行動（☆）

● 「なんでもバスケット」をします。学級のみんながどんな人たちなのか知ることが目的です。各自いすを持って，真ん中を向いて輪になって座りましょう。
● 1人が真ん中に立ち，その人が言ったことにあてはまると思った人は，席を移動しましょう。真ん中の人は，自分で考えて，どんなことを言ってもいいです。最初は目に見えることからやります。たとえば，「髪を結んでいる人」などです。後半は目に見えないことを言います。たとえば，「カレーが好きな人」などがありますね。「○年○組のみんな」と言ったら，全員が移動します。
● ただし，人が嫌がるようなことは言ってはいけませんよ。それから隣の席への移動と，走ることは禁止です。

エクササイズ

● では早速，始めますよ。最初は目に見えるものです。
　☆「女の子！」女子は移動する。（以下同じように続ける）
● はい，次は目に見えないことです。
　☆「朝，パンを食べた人！」（以下同じように続ける）

シェアリング

● 楽しかったですか。友達のことが少しわかったかな。どんなことを感じたか，だれか，みんなに発表してください。
　☆「みんなの好きなものがわかってよかった」
● みんなで楽しく活動できて，よかったです。またやりましょう。

※ワークシートは144ページ参照

留意点
● 最初は，フルーツバスケットなどをし，やり方に慣れるようにする。
● 真ん中にフラフープを置いておき，足をつかないと移動できないとか，マットを置いておき，おしりをつかないと移動できないなどとしてもよい。
● 特徴を見つけられない児童には，カードなどを用意して助ける。
● 大きな声で言えない児童には，教師が繰り返すなど補助する。
● 発想を大事にする。
● 全員の前で発表するのがむずかしい場合，グループごとにしたり，各自文章で書かせたりする。その後，全員で振り返りを行う。

準備
・いす（構成の仕方によっては，フラフープ，マット，お助けカード）

内容
・中央にいる人はグループ内にあてはまる人がいるものを自分で考える。
・周りに座っている人は，中央にいる人が言った言葉にあてはまる人だけ動く。
・「○年○組のみんな」と言ったら，全員が移動する。
・いま感じていることを全員の前で話し，シェアリングを行う。

アレンジの仕方
・第4章2節・3節・5節

参考文献
・國分康孝監修『エンカウンターで学級が変わるパート1　小学校編』図書文化

エクササイズ②　団結くずし

インストラクション	留意点
教師の教示（●）と子どもの反応・行動（☆）	
●いまから，学級のみんなで楽しんで，もっと仲よくなるために，「団結くずし」というゲームをします。 ●はじめに，男子はマットの真ん中で外向きで輪になって，座って脚を伸ばしましょう。そうしたら，何があっても離れないように，隣の人としっかり腕を組みます。 ●女子は男子の脚を引っ張って，マットから外に引っ張り出します。男子は引っ張り出されないように，しっかり団結しましょう。マットの外におしりがついたらアウトです。女子は，1人でも多くの男子を引っ張り出すようにがんばってください。 ●用意はいいですか。このゲームは友達と仲よくなるのが目的です。乱暴な引っ張り方をしたり，蹴ったりしてはいけません。ルール違反をした人はその場で退場です。先生の笛の合図を守って，動いてください。	●異性を意識する児童がいるので，男子に団結させてから，そのあと女子，その他のテーマという順にする。 ●団結させることが目的なので，団結の仕方が弱いようなら，強い組み方などをアドバイスする。 ●引っ張るほうには，タイミングに合わせて引っ張るなどのコツをアドバイスする。 ●けんかが起きないようルール違反や乱暴な行為には，小さなことでも厳しく対処する。

エクササイズ

●それでは，始めます。時間は1分間。用意，ピー（笛で合図）
　☆どの子も歓声を上げて取り組む。
●はい終わりです。ピー（笛で合図する）
　（女子をマットの周りに座らせ残っている男子を数える。しりをついたつかないでもめないよう，教師が審判をしっかりやる）
●さすが，男子の団結は強かったですね。次は女子が団結します。男子に負けないぐらい強い団結をつくりましょう。
（以下同じように，いろいろなテーマで取り組ませる。だいたい1時間枠で，1人の児童が2～3回，団結したり引っ張ったりできるようなテーマを設定して行う）

シェアリング

●はい，これで終わりです。みんな，団結くずしをやってみて，どうだったでしょうか。楽しかったですか。今日の感想をだれか，発表してくれる人。
　☆「引っ張り出されそうになったけど，みんなで強く腕を組んでたので，助かった。面白かった」「みんなでやると，とても楽しいということがわかった。またやりたい」
●今日はいろいろな団結を組んだけど，どこも強い団結でしたね。先生はすごいなあと思いました。なんだかパワーがある学級で，これから1年間この学級でいろいろなことができそうな気がしました。

●引っ張り出したことも評価するが，強く団結できたことをほめるようにする。

準備
- マット（大きめのもの），運動着（体を使うので，やぶれたりしないもの），笛

内容
- いろいろなテーマでグループになって集まる。
- マットの中央にグループで背中合わせに座り，隣の人と腕組みをする。そのとき，脚は伸ばして前に出す。
- 団結していないほかの児童が，団結している児童の脚を1分間引っ張り，団結を崩す。腕組みがほどけるか，事前に決められた線の外に引っ張り出されたらアウト。
- 団結するテーマを次々に変え，全員が2～3回ぐらいずつ，団結したり，引っ張ったりする役を体験するようにする。
- やってみて楽しかったことなどを，丸く円になって話し，シェアリングを行う。

アレンジの仕方
- 第4章3節参照

参考文献
- 國分康孝監修『エンカウンターで学級が変わるパート1　小学校編』図書文化

エクササイズ③　質問じゃんけん

インストラクション	留意点

教師の教示（●）と子どもの反応・行動（☆）

●いまから，友達のことをもっとよく知るために，「質問じゃんけん」という活動をします。
●まず2人組をつくります。あまり話したことがないなあと思う人と2人組をつくって，向かい合って座ってください。
●最初に，2人でじゃんけんをしてください。
●勝った人は手をあげて。その人が，負けた人に一つだけ質問できます。負けた人は，聞かれたことにだけ答えてください。質問することは，たとえば「好きな食べ物」とか「得意なこと」とか「好きなテレビ番組」とかなんでもかまいません。でも，自分が聞かれたら嫌だと思うようなことは質問しないでください。もし，わからないことや答えられないようなことを聞かれたときは，「わかりません」「いまは答えられません」と言って断わってください。わかりましたか。

留意点：
●奇数の場合は教師が入るなどして，余りが出ないようにする。
●離れて座っている2人組には，ひざがこぶし1個分まで近づくように指示する。
●質問できない児童のために，質問の例を黒板に書いておく。または，あらかじめ質問のテーマを決めておく。

エクササイズ

●それでは，さっき勝った人から質問してください。質問に答えたら，またじゃんけんをします。制限時間は2分間です。たくさん質問できるようにがんばってください。では，始め。
　☆じゃんけんをして，質問しあう。
●はい，そこまでです。
●相手にたくさん質問できたかな。1回も相手に質問できなかった人は手をあげてください。（いた場合は，あと1分延長）
●友達の新しい発見はありましたか。友達の新しい発見があった人は，みんなに教えてあげてください。
　☆「○○さんは，ピーマンが好きだそうです。ぼくは，嫌いだから，すごいなあと思います」
●みんな，いろんな発見があったみたいですね。

留意点：
●盛り上がっているようなら時間を延ばすなど，様子を見て変化させる。
●時間がある場合には，ペアを替えるなど，いろんな組み合わせをつくらせる。

シェアリング

●いろんなことを質問しあってみて，面白かったでしょうか。今日の感想を考えてしゃべってみてください。2人でじゃんけんをして，勝った人からです。では，始め。
　☆「○○さんのいろんなことがわかってよかった」
●いま，2人で話し合ったことを，みんなに発表してくれる人はいませんか。
　☆「○○さんと話してみて，面白い人だとわかりました。ふだんも話すようにしたいです」

準備
- なし

内容
- あまり話したことのない2人組をつくる。
- 2人でじゃんけんをして，勝ったほうが負けたほうに質問をする。
- いろいろな相手と2人組になって，お互いに質問しあう。
- お互いに感想を述べ合う。
- みんなの前で，感想を発表する。

アレンジの仕方
- 第4章2節参照

参考文献
- 國分康孝監修『エンカウンターで学級が変わるパート1　小学校編』図書文化

（イラスト：「勝った！」「あっまた負けた！質問できないよ…」「宝物は何ですか？」「お父さんにもらったブローチです。」「好きな食べ物は何ですか？」「から～いカレー！」「僕といっしょだ！」「じゃーんけーん…」「ジャンケンに勝った人が相手に質問できます。自分が聞かれたらいやな質問はやめましょう。」）

エクササイズ④　ブレーンストーミング

インストラクション	留意点
教師の教示（●）と子どもの反応・行動（☆）	
●いまから自分の思いついたことを，なんでもどんどん出していく活動をしたいと思います。どれだけたくさんの考えが出せるか競争です。グループごとに机を合わせて座ってください。 ●やり方を説明するからよく聞いてください。いまからあるものをみんなに見せます。その使い方について，思いついたことを，グループ内でどんどん出してください。決められた時間内に，たくさん意見を出したグループが勝ちです。わかりましたか。 ●考えをたくさん出すのが目的だから，「それはだめだよ」とか「私は反対だ」とか，相手の考えを否定するようなことは言ってはいけません。どんな考えでも，どんどん言いましょう。 ●では，リーダーは，メモ用紙を取りに来てください。リーダーは，グループで出た意見をどんどん書いていきましょう。	●男女対抗，グループ対抗など，いろいろなグルーピングでやる。
エクササイズ	
●今日使い方を考えてもらうのは，これです。これはなんですか。 　☆「ジュースの空き缶」 ●はい。ジュースの空き缶です。いつもはごみ箱に捨ててしまいますよね。でも，今日は空き缶の使い道をいろいろ考えてください。みんながいままで使ったことのあることでもいいですよ。 ●たくさんアイデアが出たグループの勝ちです。それでは，制限時間は5分間です。用意，始め。 　☆「砂を入れて，マラカスにできるよ」「缶けりに使えるよ」 ●はい，そこまでです。鉛筆を置いてください。 ●たくさん書けましたか。それでは，Aグループから順番に出たアイデアを発表してもらいましょう。Aグループお願いします。 ●どこのグループもいっぱい考えましたね。すごい！　優勝は○個考えたBグループでした。おめでとう。みんなで拍手しましょう。 ●あとCグループの○○というアイデアも面白かったですね。	●テーマは，一つの答えに限らないものや，空想に富んだものがよい。 ●最初は，教師が使い方について，具体例を示すと，アイデアが出やすい。 ●ジェスチャーなどで，使い方のアイデアを出し合うこともできる。 ●実際に物を渡すなどして，アイデアを出しやすいようにする。 ●出た意見の数だけでなく，内容もほめたい。
シェアリング	
●今日は，自分の考えたアイデアをたくさん言えましたか。やってみて面白かったですか。それではグループで，今日の感想を話し合ってみましょう。 　☆「私には思いつかないことがいっぱい出てすごいと思った」 ●ジュースの缶の使い方で，こんなにたくさんのアイデアが出てくるとは思っていなかったのでびっくりしました。みんな，さすがですね。今度は，また別のものでやってみたいと思います。	

準備
- 紙と鉛筆，テーマにする物

内容
- 友達の意見を否定しないことを確認する。
- 4～6人ぐらいのグループになって，思いついたことをたくさん出し合う。
- 時間内で，どんなアイデアがいくつ出されたかを発表しあう。
- グループや学級全体で，思ったことを肯定的に話し合う。

アレンジの仕方
- 第4章1節参照

参考文献
- 國分康孝監修『エンカウンターで学級が変わるパート1　小学校編』図書文化

エクササイズ⑤　ビンゴ

インストラクション	留意点

教師の教示（●）と子どもの反応・行動（☆）

- ●これからビンゴゲームをします。
- ●今日は初めてなので，簡単なものから始めます。テーマは「好きな食べ物」ビンゴです。
- ●いまからビンゴのマスが書いてある紙を配ります。私が紙を配っている間は，静かに自分の好きな食べ物を考えていましょう。

留意点
- ●楽しい活動をみんなでするという意識をもたせる。
- ●初めは簡単なものをテーマにする。

エクササイズ

- ●はい，みんなにビンゴシートが渡りました。では，四角いマスに，自分の好きな食べ物を一つずつ書いてください。全部で16個好きな食べ物を書きましょう。友達と相談すると面白くなくなるから，お話をしないで静かに書きましょう。
  - ☆それぞれが自分のマスを埋める。
- ●はい，全員書き終わりましたね。では，ビンゴのやり方を教えます。まず，いまから一人ずつ発表していきます。発表の人が言ったものが自分の書いたものと同じだったら，自分のシートのその場所に○印を書きます。なかったら，そのときは○はつけません。どの一列でもいいので，早くそろった人が勝ちです。
- ●発表を聞いて，どんどん，○印をつけていきます。あと一つで一列そろうというときには，「リーチ」と言います。全部そろったら，「ビンゴ」と言います。
- ●はい，では，さっそくやってみましょう。発表する順番は，今日は，端の席の○○さんからです。○○さんの好きなものを覚えるつもりでよく聞きながら進めていきましょう。
  - ☆「イチゴ」「おお！おんなじだ！」「リーチ！」「ビンゴ！」
- ●はい，いちばん早くビンゴしたのは○○さんでした。

留意点
- ●相談すると面白くなくなるので静かに書かせる。
- ●なかなか書けない児童がいる場合には，黒板に例を提示して選ばせる。
- ●全員が発表できるまで何度か繰り返すとよい。
- ●発表の順番はじゃんけんなど偶然性の高いもので決めるのもよい。
- ●早く終わった場合は，テーマを変えて繰り返し，みんなが発表する機会を一度はもつ。

シェアリング

- ●では，隣の人と自分のビンゴシートを見せ合ってみましょう。
  - ☆「あとここがくればビンゴだったのに！」
- ●今日，ビンゴをやってみての感想をシートの下の部分に書いてみましょう。
  - ☆「ビンゴは楽しかった」「○○さんと同じものが2つもあって嬉しかった」
- ●今日のビンゴは，みんなで楽しく活動ができました。友達の好きな食べ物を知ることができてよかったなあと思います。

※ワークシートは159ページ参照

第2章 基本エクササイズ10

準備	
・ビンゴカード，筆記用具	
内容	
・ビンゴカードにテーマにそった内容を書かせる。	
・一人ずつ発表し，ビンゴのマスを消していく。	
・「リーチ」「ビンゴ」の楽しさやビンゴを通して知ったことや，感想を伝え合う。	
アレンジの仕方	
・第4章3節・6節参照	
参考文献	
・國分康孝監修『エンカウンターで学級が変わる ショートエクササイズ集』図書文化	

「今日のテーマを聞いて、思い浮かぶものをマスに書きましょう。」

「あっ、肉まんもおいしいな…」

「一人ずつ発表します。一列そろったらビンゴです。」

「リーチ！」

「やきそばです。」

「あった！」

「う〜ん、そろわないな…」

「ビンゴ！」

エクササイズ⑥　さいころトーキング

インストラクション&モデリング	留意点
教師の教示（●）と子どもの反応・行動（☆）	
●いまから、「さいころトーキング」という活動をやります。みんなの前で自分ことを素直に話して、お互いのよさをもっと知り、みんながもっと仲よくなるきっかけになればいいなと思います。 ●近くの人たちと4, 5人のグループになって座ってください。 ●やり方を説明します。さいころを振って出た目の数のところに書いてある内容について1人ずつ話します。最初に私がみんなの前でやってみます。（実演する）何か質問がありますか。	●教師がモデルを示す。
エクササイズ	
●では始めましょう。グループ内でじゃんけんをして、勝った人はさいころとシートを取りに来てください。 ●初めはトーク1です。さいころを振って、1人1分ずつ話しましょう。最初に話す人は用具を取りに来た人です。その人から時計回りに進みます。友達が話している間は静かに聞きましょう。 ●トーク1は全部で15分間とります。ふた回りしてください。5人いますから10分ですね。余った時間はほかのグループが終わるまで、話した内容について自由に質問をしあっていてください。 ●初めに話す人、手をあげて。（確認をとる）では始めてください。 ●はい、時間です。次は、トーク2に移ります。さっきシート1を取りにきた人が次のシートを取りに来てください。 ●トーク2は1人2分ずつです。時間は全部で15分間とります。ひと回りしたら、さっきと同じように質問しあっていてください。 ●さっき最初に話した人から同じように進みます。ではスタート。 　☆「ぼくが最近感動したことは、バスでおばあさんに席を譲ったら喜ばれたことです。すごく嬉しかったです」	●トークの内容は集団の状態によって決める。トーク1は抵抗なく話せる内容、トーク2は自己開示の深めの内容がよい。 ●時間に余裕があったら何回りかを設定してよい。
シェアリング	
●はい、時間です。今日の活動をしてみて、心に残った話を自由にグループ内で話し合ってください。では始めてください。 　☆「○○君がおばあさんに席を譲った話を聞いて、見習おうと思いました」 ●グループでどんなことが話し合われましたか。じゃんけんで勝った人がみんなの前で発表してください。 ●みんな同じ学級の仲間だけど、今回初めて知った話もあったのではないかと思います。聞かせてもらって、どんな感じがしましたか。自分も同じことがあったという人は、今度話してあげてください。	●聞いた話の中でいちばん心に残ったものについて話し合う。 ●グループごとに発表させる。

準備
- さいころ，シート，座れる場所

内容
- 数人のグループで座る。
- 最初に話す人を決め，1人ずつさいころを振り，出た目の内容について話をする。
- 時間の終わりに，グループ内で心に残った話をシェアリングし，みんなの前で発表させる。

アレンジの仕方
- 第4章1節・5節参照

参考文献
- 國分康孝監修『エンカウンターで学級が変わるパート1 小学校編』図書文化

さいころトーキングシート

トーク1

1	好きな食べ物
2	好きな歌手
3	最近はまっていること
4	好きなテレビ番組
5	行ってみたい場所
6	好きなスポーツ選手

トーク2

1	感動したこと
2	自分の長所・自慢できること
3	将来の夢
4	親しい友人について
5	願いが1つだけかなうとしたら
6	自慢できること

| エクササイズ⑦ | **Xさんからの手紙** |

インストラクション	留意点
教師の教示（●）と子どもの反応・行動（☆）	
●これから学級の友達に，お手紙を書いて贈る活動をします。名づけて「Xさんからの手紙」です。今学期を振り返ってみて，あの人にこんなときに助けられたなとか，あの人のここがよかったな，こういう場面でがんばっていたなと思うことを書いて，言葉の贈り物をします。贈り物ですから，もらった人が嬉しいなとか，元気が出たなと思うような内容で書きましょう。 ●それではいまから封筒を配ります。封筒ののりを付けるところには，友達の名前が書いてあります。その名前の人のいいところを見つけて，手紙を書くことにします。 ●約束が一つあります。封筒ののりの部分にある友達の名前は，絶対に口に出さないでください。この手紙には自分の名前は書かないので，だれがだれに書いたのかは最後まで秘密なんです。	●友達に肯定的なメッセージを送ることを確認する。 ●封筒ののり付けする部分に宛名を書いておく。 ●だれあての手紙が回ってきたかによって，歓声や落胆などの声をあげることが予想される。最初に予防する声かけをし，配慮する。

エクササイズ

●封筒を配ります。もし，自分の名前の書いてある封筒が回ってきたら，封筒を交換しますから私のところに戻してください。 ●それでは，次に手紙の用紙を配ります。用紙をもらったら，宛名にある友達の名前を書いて，どんどんいいところを書いていきましょう。いいところの言葉が見つからないときの参考に例をあげておきましたので，使ってみてください。 　☆手紙の例「○○さんは，いつもハキハキ話すところがいいところだと思います」 ●はい，全員が書き終わりましたか。それでは，一度全員の分を集めます。封筒に入れて後ろの人から前に集めてください。 ●では，もう一度同じように封筒を回します。今度は違う人に同じように書きます。もしも，同じ人のが回ってきた人は，違う封筒をあげるので，また先生のところに戻してくださいね。 　☆「○○君は，ほかの人が困っているときに声をかけてあげられるからすごいと思います」 ●みんな書きましたか。では，友達が書いてくれた自分への手紙を見てみたいと思います。呼ばれた人は前に取りに来てください。 ●みんなに渡りましたか？　では，静かに開けて見てみましょう。	●なかなか言葉が浮かばない児童のために，例を提示する。 ●同じ封筒を回し，手紙の枚数を増やす。 ●時間があるかぎり，たくさんの人にあてて書く。 ●自分への手紙を開ける楽しみを味わわせる。

シェアリング

●どんなことが書かれていましたか？　いまの気持ちを近くの人と話し合ってみましょう。 　☆「自分のこんな部分を見てくれる人がいて，嬉しかった」	●いいところを発見してもらった嬉しさを共有する。

準備
- 人数分の３倍のカード，筆記用具，封筒

内容
- 宛名の書かれた手紙を書くためのカードを封筒に入れ，だれに書くのか，だれからもらうのかわからないようにする。
- 受け取った封筒の人へあてて手紙を書く。
- 封筒に手紙を入れ，全員分集める。
- 再び配り，同様に手紙を書く。
- 本人に手紙を配り，内容を読み，感想を伝え合う。

アレンジの仕方
- 第４章２節参照

参考文献
- 國分康孝監修『エンカウンターで学級が変わるパート１　小学校編』図書文化

✕さんからの手紙

〈いいところの例〉
係の活動をすすんでしていた！・休んだときにプリントを届けてくれた！・下級生にやさしくしていた！・わからないことを教えてくれた！・いつも笑顔であいさつしてくれる！・そうじの仕方が上手！・楽しい話をしてくれる！・話をじっくり聞いてくれる！・遊びを考えるのが上手！・本読みが上手！

```
_____さん・くんへ
_____さん・くんのいいところ
_____
_____
                              なぞの人間 ✕ より
```

| エクササイズ⑧ | いいとこさがし |

インストラクション	留意点

教師の教示（●）と子どもの反応・行動（☆）

●いまから友達のいいところを探して，シートに書き込む活動をします。グループごとに机を合わせてください。 ●では，シートを配ります。リーダーは取りに来てください。 ●最初に，シートに自分の名前を書いてください。次に，そのシートをリーダーが集めてください。全員の分をまとめたら隣のグループに渡してください。自分のグループには，隣のグループのシートがきます。隣のグループのシートをもらったら，その名前の人のいいところをみんなで考えます。 ●いいところといっても，むずかしく考えることはありません。たとえば，「掃除のときに人が嫌がることをすすんでやっているところ」とか「自分の話を目を見て聞いてくれるところ」など，何でもいいんです。 ●もしも思いつかないときには，黒板にいいところの例をはっておきますので，参考にしてください。ふざけ半分で人を傷つけるようなことや，自分がもらったら嫌だなあと思うようなことは書いてはいけませんよ。	●グループごとに机を合わせておく。 ●何をするのか期待させる。 ●日常のなにげないことでも重要であることを伝える。 ●考えられない児童のために，いいところの例をあらかじめ用意しておく。

エクササイズ

●では，グループで相談して，その名前の人のいいところをたくさん書いてください。 　☆グループごとに相談して書く。 ●書き終わったら，リーダーは自分のグループのシートを集めて，次のグループに渡してください。次のグループでは，できるだけ前のグループで書かれたもの以外のことを書きましょうね。 　☆グループの数だけ交換することになる。 ●はい，全部のグループに回りましたね。では，最初に自分の名前を書いたシートをとって，静かにじっくり読んでみましょう。	●グループ内でうまく話し合えない場合には，教師が入り，いいところを見つける視点を与える。

シェアリング

●人からいいところを探してもらって，どんな気がしましたか？グループの中でいまの自分の気持ちを伝え合ってみましょう。 　☆「嬉しいようなはずかしいような気持ち」「こんなにたくさん出してもらってびっくりした」 ●いいところを見つけてあげた友達が喜ぶのを見ると，自分まで嬉しくなりますね。今日，お互いにいいところを見つけ合ってみて，あたたかい気持ちになったと思います。これからも人のいいところを見つけてあげられるといいですね。	●普段から友達のことをよく見ることの大切さを教えてもよい。 ●振り返りカードに感想を書いてもよい。

準備
- いいとこシート，筆記用具，机，いす

内容
- グループごとになってシートに自分の名前を書き，ほかのグループと交換する。
- 友達のいいところをグループで話し合って探し，交換したシートに書く。
- 次のグループとまた交換し，同様にシートに書かれてある人のいいところを書く。
- 自分のシートをもらい，感想を伝え合う。

アレンジの仕方
- 第4章1節・4節参照

参考文献
- 國分康孝監修『エンカウンターで学級が変わるパート1　小学校編』図書文化

いいとこシート

名前 _____

エクササイズ⑨　二者択一

インストラクション	留意点
教師の教示（●）と子どもの反応・行動（☆）	
●いま近くにいる人とペアをつくって，隣同士に座ってください。 ●いまから今日のシートを配ります。 ●みんなに渡りましたか。このシートには，「社長か副社長か」「田舎か都会か」など2つの言葉がペアになって書かれています。このペアのうち，自分が好きなほうを選んで，○をつけます。たとえば，「社長と副社長だったら，私は社長のほうがいいなあ」と思う人は，社長に○をつけます。「いやそうじゃない，ぼくは副社長のほうがいいよ」という人は副社長に○をつけます。 ●このとき，どっちを選ぶか悩むと思うけれども，どちらが正しくて，どちらが間違っているということはまったくありません。いまの自分ならどっちを選ぶか考えてください。一週間後の自分はまた違ったほうをいいと思うかもしれないから，気軽に考えてどちらか一つを選んでください。	●書く作業をするので，隣同士の机に座らせる。 ●雰囲気がよければ2人組以上にしてもよい。 ●いまの自分の考えでいいことを加えるとよい。
エクササイズ	
●そのときに，どうしてそれを選んだのか理由も書いてみましょう。では，始めてください。 ●○をつけたのはどちらでしたか？　いまから，ペアの人にどちらに○をつけたかと，○をつけた理由を，話してみてください。聞いている人は自分が○をつけたものと違っていても，「この人はこっちほうが好きなんだな」ということを認めながら聞きましょう。 ●話す順番を決めます。ペアの人とじゃんけんしてください。 ●じゃんけんで勝った人から最初に話を始めます。スタート。 　☆「私は，社長のほうがいいなあ。だって，社長って偉くてお金持ちになれるもん」	●自分の価値観と他者の価値観のどちらも尊重するべきであることを教える。
シェアリング	
●友達と同じものを選んだところ，違うものを選んだところ，いろいろあったと思います。ではいまから，どちらを選ぶかを聞き合ってみての感想をペアの人に伝えましょう。 ●いろいろな考え方があることがわかったと思います。自分と似た考えの人とか，少し違う考えをもっていた人もいますね。お互いの選んだものには正しい，間違いはないのですから，自分にあった選び方ができればいいですね。	●お互いを認め合う雰囲気をつくる。

準備	
	・ペアになって座る机といす，二者択一シート，筆記用具
内容	
	・2つの対称的な単語から一方を選択する。
	・選択した内容についてペアで話し合いをする。
	・お互いの選択とその理由を紹介しあう。
	・どちらがよいかという視点ではなく，選択した理由に注目して話し合わせる。
	・ペアになり，活動しての感想についてシェアリングをさせる。
アレンジの仕方	
	・第4章4節参照
参考文献	
	國分康孝監修『エンカウンターで学級が変わるパート1　中学校編』図書文化

どっちをえらぶ？

◇あなたがどちらかを選ぶ必要があるとき，あなたならどちらを選びますか？

選ぶもの（○で囲もう）	友達意見メモ（参考になる意見をメモしましょう）
①社長　　②副社長	
①都会　　②田舎	
①甘党　　②辛党	
①テレビ　　②ラジオ	
①山　　②海	
①男　　②女	
①大人　　②子ども	
①手紙　　②電話	
①家庭　　②仕事	
①洋食　　②和食	

◇**面白いと思った意見を書いてみましょう**

エクササイズ⑩　四面鏡

インストラクション	留意点
教師の教示（●）と子どもの反応・行動（☆）	
●みなさんは，周りのみんなからみた自分というのを想像したことがありますか？　今日は，「みんなからみた私」について教えてもらうために，四面鏡というエクササイズをします。 ●まず，グループをつくります。近くの人，5，6人とグループをつくってください。 ●最初にシートを配ります。リーダーは取りに来てください。	●学級の状態に応じてグループのつくり方の構成を変える。
エクササイズ	
●シートに自分の名前とグループの人の名前を書きます。 ●シートには「活発な」など，たくさんの言葉が並んでいます。いまから，1人の友達と自分の持っているシートを交換します。 ●はい，交換しましたね。次に，いまから，友達のいいところだと思う箇所に○を3個以上つけます。書く欄は，自分の名前の書いてあるたての箱です。 ●あとで友達がなぜそこに○をつけたか聞く時間をとりますので，いまは静かに，交換して○をつけるだけの作業をします。グループの人全員に書いてもらいましょう。では始めてください。 　☆「○○さんは，『やさしい』と『正直な』と『活発な』かな」 ●はい，グループの人，全員に○を書いてもらったら，自分のシートをじっくり見てみましょう。 ●○を同じところに多くつけてもらった人もいれば，バラバラにつけてもらった人もいると思います。つけてもらって，嬉しいなと思ったり，不思議だなと思ったところがあったと思います。 ●いまからどうしてその項目に○をつけたのか，書いてくれた友達に質問する時間をとります。はい，では始めてください。 　☆「どうしてここにつけたの？」「だって，○○さん，この間，私にノートを見せてくれたもん」 ●ではグループごとに集まって，シートを見せ合いましょう。	●積極的に聞いてみるよう助言してもよい。
シェアリング	
●今日，このような活動して，どんな気持ちがしましたか。グループ内で話し合ってみましょう。 　☆「なんだか嬉しかった」 ●お互いにいいところを伝え合うと，あたたかい気持ちになりますね。これからもお互いにいいところを見つけましょう。	●嬉しさを味わわせる。

第2章 基本エクササイズ10

準備
・ワークシート，筆記用具
内容
・お互いにシートを交換して，自分のもっている友達のイメージを伝え合う。
・自分がそう思う理由を相手に伝え，相手が自分について抱いたイメージの理由を質問する。
アレンジの仕方
・第4章1節・4節参照
参考文献
國分康孝監修『エンカウンターで学級が変わるパート1　中学校編』図書文化

四　面　鏡

自分の名前 _____

友達の名前→	さん	さん	さん	さん	さん	さん
☆しっかりしている！						
☆頼りになる！						
☆心くばりのある！						
☆公平な！						
☆堂々としている！						
☆ひとなつっこい！						
☆活発な！						
☆好奇心おうせいな！						
☆もの知りな！						
☆意志のつよい！						
☆するどい感性の！						
☆かわいい！						
☆誠実な！						
☆思いやりのある！						
☆落ち着いている！						
☆率直な！						
☆お兄さん・お姉さんのような！						
☆あたたかい！						
☆やさしい！						
☆さわやかな！						
☆ねばり強い！						
☆正直な！						
☆ユーモアのある！						
☆いちずな！						

第3章

アレンジするための理論

学級の現在地を見きわめた,
無理のない目的地も定めた,
よさそうな素材（2章の基本エクササイズ）も見つけた。
では, 学級集団づくりを確実に成功させるには,
担任するクラスのためにグループ体験を,
どうアレンジするといいのだろうか。
本章では,
学級の状態に合わせて, どのように展開したらよいのか,
見通すためのポイントを解説する。

1 グループ体験を成功させるポイント

現在地，目的地，方法を考えて設定する「構成」を行う際には，状態に合わせて，構成を調整する7つのポイントをうまく組み合わせて，グループ体験を展開することが大切である。

事前に「構成」を明確に

グループ体験を成功させるために教師ができることは，グループ体験を実施する際の環境設定と，子どもたちの体験過程の若干の方向づけである。したがって，環境設定としての構成の仕方は，教師の力の見せどころである。

「構成」は，グループ体験を成功させるための大きなポイントである。「構成」について，もう一度おさらいしておこう。

■構成とは
①現在地（学級の子どもたちの実態，学級集団の状態を把握する）
②目的地（子どもたちの発達を援助するうえで必要な課題を見つける）
③方法（エクササイズの内容，展開の仕方，リーダーの力量を考える）

この3つを考えて設定することを構成といい，事前に明確にしておくことが，グループ体験を成功させる第一のポイントとなる。

まずは学級の状態の見きわめを

1章で述べたように，教育効果を上げるグループ体験には2つの条件がある。

■教育効果を上げる条件
I．集団内にふれあいのある人間関係がある
II．メンバーが自己表現したり，ほかのメンバーと積極的にかかわれる方法と場面がある

グループ体験によって集団づくりを行うには，まずこれらが無理なく達成できる状態かを見きわめる必要がある。「現在地」の把握である。もしできなければ，まずこの状態にもっていくことが鉄則である。子どもたちにとっては，リレーションとルールがあって，はじめて自ら学ぶことができるのである。

ところがこれを無視して，高学年だから，もう中学3年生なのだから，2学期も後半になったのだからと，教師が期待するレベルで学級集団づくりの取組みを実施しても，笛吹けど踊らずの状態になってしまう。

学年が上がれば，時間が経過すれば，学級集団の状態はまとまりがよくなってくると考えるのは早計である。高学年よりもまとまりのある中学年の学級もあるし，2学期から崩壊の兆しが見え始めることはよくあるのだから。

学級状態に合わせるためのポイント

　学級づくりのグループ体験は，学級の状態に合わせて展開を調節する必要がある。それには，グループ体験を上手に構成する必要があり，そのためのポイントが以下の7つである。

　いずれも，学級集団の状態に合わせて，小から大へ，短くから長く，表面的から内面的へと，徐々に広げ，深めていくことが大切である。

■構成を調節する7つのポイント
①取り組ませる集団の人数
　——2人組から学級集団全体へ
②所属するメンバーの構成
　——抵抗の少ないメンバー構成から違う考えをもつメンバーとへ
③ルールやメンバーの役割構成度
　——強いものから最低限のマナーへ
④活動時間
　——10分位から1日を活用したものまで
⑤活動のレベル
　——レクリエーション的なものから心を揺さぶるものへ
⑥活動内容
　——単純な活動内容からより高度なものへ
⑦想定される交流・行動のレベル
　——役割を主体にした交流から感情を主体とした交流へ

　学級の状態に合わせて，この7つのポイントをうまく組み合わせて，グループ体験を展開することが大事である。

2 どうやって構成するのか

インストラクション，振り返りの際にも，現在の段階に合った構成を行うことが大切である。また，教師の効果的な介入もグループ体験を成功させる大きなポイントとなる。

インストラクションのポイント

「インストラクション」はこれから取り組む活動の目的や方法，ルールを具体的に説明し，子どもたちの活動意欲を喚起するものである。このときのポイントは，以下の3つである。

■活動意欲を喚起するポイント
①説明は短く端的に
②モデルを示してわかりやすく
③子どもの興味を引くような工夫を

それとともに，本プログラムでは，次にあげる要素を盛り込むことが必要である。

(1) 示すモデルにスキルの内容の説明を入れる

実施するエクササイズで，子どもたちに身につけさせたいソーシャルスキルを設定する際，まずは，子どもたちと学級の状態に，スキルのレベルも合わせることが大切である。

■スキルのレベル設定のステップ
モデルを模倣させる段階
↓
複数のモデルを選択させてやらせる段階
↓
代表的なモデルを提示して工夫させる段階
↓
教示のみする段階

このように，徐々にレベルアップさせるわけである。

したがって，インストラクションで行うスキルの内容説明は，その段階に合ったものを合った形で行う必要がある。

たとえば，「聞く・話す」というソーシャルスキルのトレーニングを例にして説明しよう。

モデルを模倣させる段階ならば，いい例と悪い例をイラストなどで例示したものを黒板にはる。そして，その行動の特徴を教師がモデルを示しながら解説し，最後にポイントを黒板に板書して整理する。短く，わかりやすく，具体的に，である。

ポイントもやはり，その段階に合わせることが大事である。

聞き方のソーシャルスキルトレーニングであれば，「途中で言葉をはさまず最後まで話を聞く」の段階から，「興味をもって聞いていることを相手に伝わるように聞く」（うなづき，目線，など）まで，幅が広い。

学級の段階に合わせるとは，学級の子ど

もたちの8割以上ができるような内容から実施するということである。その状態に合った，適切な量と内容があるのである。子どもたちに「できた」という体験を積み重ねることが大事であり，教師としてほめる言葉かけができる展開がいいのである。

(2) 禁止事項や期待される行動のあり方の提示も学級集団に合わせる

また，禁止事項や期待される行動のあり方の提示も学級集団の状態に合わせることが肝心である。強めの行動枠から徐々に弱めていくのである。

```
■禁止事項・行動のあり方の提示のステップ
①事前に不適切な行動を取り上げて禁止する・望ましい行動を奨励する段階
        ↓
②事前に不適切な行動と望ましい行動を明示する段階
        ↓
③最低限のルールを確認する段階
```

このように，最初は強めの行動の枠を与えながら，徐々に弱めていくわけである。

よくグループ体験を始めさせてから，途中で禁止事項を追加する教師がいる。これはできるだけ少ないほうがいい。禁止しなければならない行動が起こってから，それを注意していたのでは，グループの作用が台無しになることが少なくない。想定される逸脱行動やほかのメンバーを不愉快にさせる行動は，事前に明示して機先を制しておくことが大事である。

私は大学生に実施するときも，自分が不安になってくると，笑いに逃げたり，しらけているフリをしたり，一般論に終始したり，脱線する話題にふったりすることが多

いということを例にして伝えている。そんなとき私は，「そういう形でごまかさないで，今日はそういう自分に向き合ってほしい」ということを事前に言うことにしている。

介入のポイント

グループ体験でメンバーの活動中にリーダーが割り込むことを「介入」という。しかし，教師がグループ体験を展開しているとき，効果的な介入ができないことが多い。普段の教育実践と違うことをやっているという意識が強いのか，あるいは，カウンセリングに関係があるときは注意や指導をしてはいけないという思い込みがあるのだろうか。グループ体験を構成して展開する場合，介入は教師にとって必要不可欠な役割である。注意や指導におよび腰になってはいけない。

介入が必要な場面は，次の5つである。

```
■介入が必要な場面
①意識的なルール違反をした
②意識的ではないルール違反をした
③グループへの不適応感がみられた
④特定のメンバーがダメージを受けた
⑤話し合いが非建設的になっている
```

以上の5つである。次にこれを，追って説明する。

(1) 意識的なルール違反をした場合

```
■介入が必要な子どもたちの行動
・悪ふざけや関係のないことをしている
・ほかのメンバーをバカにしたり，攻
```

> 撃する
> ・特定のメンバーとグループを組むことを嫌がる

　このような意識的なルール違反をメンバーがしたときは，場面を見逃さず注意する。

　その際，ルール違反をした個人の問題だけにしないで，グループ全体の問題ととらえることが大事である。グループ体験の中でルール違反が起こった場合は，ほかのメンバーはどうするのか，自分たちでどう問題解決するのかを教える必要がある。

　また，抵抗からそのような行動をとってしまっているとしたら，いまの気持ちをみんなの前で話してもらうなどの場面を設定する。

(2) 意識的ではないルール違反をした場合

> ■介入が必要な子どもたちの行動
> ・一人が独占的に話してしまっている
> ・ほかのメンバーを否定するような話し方をしている

　このような状態の場合，グループの相互作用は大きく低下する。当の本人に悪気はないのだろうが，悪気がなければないほど，自分からそのことに気がつくことは少ない。周りのメンバーも言い出しにくいことが多い。

　こうした場面では，そのメンバーの行動を注意するのではなく，「あと3分だけど，みんな話したかな」「時間が少ないときは，まず言いたいことを最初に話そうね」「話す内容は人と比べて評価するのではなく，自分のことを自分の言葉で話そうね」というぐあいに，グループ全体に話しかける形で介入するのである。

(3) グループへの不適応感がみられた

> ■介入が必要な子どもたちの行動
> ・みんなの話についていけない
> ・話すタイミングがとれなくて，もじもじしている

　このような場面では，個別にそばによって，事情を聞いてあげる。そして必要ならば，「ちょっとA君にも話させてあげて」とグループ全体に介入するのである。そのときもそばについていて，「〜と思ったんだね」というぐあいに言葉をつないであげるなどの補助をしながら，A君のグループ参加を助けるのである。

(4) 特定のメンバーがダメージを受けた

> ■介入する場面
> ・うまく話せなくて，自己嫌悪感にさいなまれた
> ・自分の嫌な面に気がついて，落ち込んだ

　このようなときは，個別に話を聞いてあげるとともに，みんなに「彼の言いたいことを代わりに言ってあげられる人はいるかな」「彼の気持ちがわかる人はいるかな」というぐあいに，グループ全体に援助を依頼するのである。

　そして，そのメンバーの自分と向かい合った勇気と，グループのあたたかさを感じた嬉しさを，教師は自分の言葉で自己開示するのがよいであろう。

(5) 話し合いが非建設的になっている

> ■介入が必要な子どもたちの行動

- 表面的な話題やあたりさわりのない話題に終始している
- 取組みに無関心な子どもがいる

このようなときは、「なんだかみんなよそよそしいような感じがするんだけど」と教師は自分の気持ちを自己開示し、その理由について話し合わせてから、新たに仕切り直すのである。

グループ体験では介入はできるだけ少なく、グループのメンバー間の相互作用を尊重したいのだが、その相互作用が教育的に作用しない場合には、やはり介入することが必要である。要は、介入の仕方の問題なのである。

振り返り

(1) 振り返りもレベルにあった構成が必要

学級でエンカウンターをやっていて、どうも「振り返り」がうまくいかないと嘆く教師が多い。エクササイズには喜んで取り組んでいるのだが、振り返りになると黙り込んでしまって、せっかくの取組みが尻切れとんぼで終わってしまうというのである。

大人と違って子どもは、枠のある取組みをしたあとに、「さあ、いま、感じたこと、思ったことを自由に話してみてください」と言われても、すぐには話せないのが普通である。学級集団の状態に合わせた構成（組み立て・展開の枠づくり）を考えるのならば、エクササイズの構成の度合いと同じレベルで、振り返りも構成することが必要である。

たとえば、強い構成のレベルでエクササイズを実施したような場合は、振り返りも同じような強さの構成を工夫しないと、体験を意識化することがむずかしい。それをわかちあうにはさらに工夫が必要である。

このような場合には、「私は〜と感じました。その理由は〜だからです」というぐあいに、ひな型の書いてあるカードなどを用い、文章完成法で自分の思いを整理させる。そして、教師がまず自分のカードを読み上げ、子どもたちには少人数でお互いのカードを読み合う形で振り返りを展開してもいいだろう。

エクササイズの最後に、各グループではどのような内容が出たのかを、みんなの前で紹介してもらうとか、グループ内ですごくいい話ができたので、みんなにも紹介したいというグループに発表してもらうのもいいだろう。

押さえたいポイントは、自分の体験を意識化できたか、ほかの級友の思いを聞いて、自分の思いをさらに深めることができたかという点である。

(2) 抵抗が少なく取り組める構成を

また、学校では行事が終わったあとで、この振り返りだけを活用することもできる。子どもがいま体験したことの意味を、自分なりに考えることができるように、ほかの子どもと話し合わせたり、カードに書いたり、絵や音で表現したりと、抵抗が少なく取り組めるような構成が必要である。

この構成のレベルも、学級集団の状態に対応させ、徐々に構成が少なくてもいいようになるのがベストである。

最後に、本プログラムでは、その時間に取り組んだソーシャルスキルの自己評価をカードに書かせて、自己チェックをする。そして、グループのほかのメンバーのスキルのよかった点を「いいとこさがし」の要領でたたえ合い、強化するのである。最後に教師がポイントを確認して、終了である。

3 グループ体験の展開の仕方・構成の目安

■ 学級集団の状態は，代表的な4つのタイプに分類できる。各タイプごとに，グループ体験を展開するうえでの構成の7つのポイントの目安，リーダーシップの指針を解説する。

前述したように，学級集団の状態は，グループ体験の教育効果が生まれる2つの条件，「Ⅰ.リレーション」と「Ⅱ.ルール」の確立状態から考えることができる。

そして，学級生活で必要とされるソーシャルスキルは〈配慮のスキル〉と〈かかわりのスキル〉の2つの側面があり，一人の子どもが両方とも不足なく，バランスよく学級内で活用することが良好な友人関係を形成することにつながるのである。

さらに，両方のスキルが学級内で実施されている程度（学級の子どもたちの平均値）が，ルールの確立度の目安になるわけである。

また，スキルレベルの異なった子どもたちがどのように分布しているのかを把握することも大切である。

学級集団の状態は，リレーションとルールの2つの条件の組み合わせから，代表的な4つのタイプに分類して考えることができる。

そして，それぞれの学級内に定着しているソーシャルスキルには，特徴があるのである。

本節では上記の点を押さえつつ，グループ体験を展開するうえでの構成の7つのポイントの目安，リーダーシップの指針を解説する。

Type A　リレーションとルールがともに確立している

子ども同士が和気あいあいとしていて，クラスとしてのまとまりのある学級である。

学級に笑いが多い，子どもたちがかかわる相手が固定していない，授業中にいろいろな子どもからの発言が多い，学級の活動に主体的に協力して取り組むなどの面がみられる。

(1) 学級内のソーシャルスキルの状況

〈配慮のスキル〉と〈かかわりのスキル〉ともに学級内の定着率が高く，子どもたちは共有するソーシャルスキルをもち，それを活用して対人関係も，集団活動も良好にこなしていると思われる。

以上から，リレーションとルールが高いレベルで確立されている。

(2) 学級のスキルトレーニング＆グループ体験の指針

〈配慮のスキル〉の「反省的態度」「能動的な援助」と〈かかわりのスキル〉の「自己主張」「リーダーシップの発揮」を組み合わせた内容も展開が可能になってくる。

さらに，課題に合ったさまざまな人数構

成で，内面に入った内容を展開することも可能となる。

(3) グループ体験の構成度
①取り組ませる集団の人数——取り組む課題にふさわしい集団の規模を決めさせて，取り組ませる。
②所属するメンバーの構成——いろいろな考えをもつ子ども同士。
③ルールやメンバーの役割構成度——自由度が高く子ども主体。
④活動時間——2時間分を活用し，じっくり取り組ませることも可能。
⑤活動のレベル——活動自体が試行錯誤となるようなもの。
⑥活動内容——グループごとに取り組むテーマを自主設定し，各グループごとに活動するような複雑な内容も可能。
⑦想定される交流・行動のレベル——感情交流が主体となり，自分の考えを出し合える。

(4) 教師のリーダーシップの指針
「参加的リーダーシップスタイル」と「委任的リーダーシップスタイル」を，取り組む内容や子どもたちの意欲に応じて発揮する。

Type B 管理のためのルールが確立している

子どもたちが自己表現するためのルールではなく，教師が集団を管理するためのルールが確立し，子どもたちはそれに従っているような学級である。
一見すると静かでまとまった学級のようにみえるが，授業中に発言が少ない，いつも数人の子どもだけで固まっている，陰でコソコソと話していることが多い，集団活動に主体的に取り組む子どもが少ない，クラスのリーダーが，成績がよかったり，スポーツのできる子どもに決まっているなどの面がみられる。

(1) 学級内のソーシャルスキルの状況
〈かかわりのスキル〉の定着率は低く，全体の前で自分を出すことに抵抗を感じている子どもが多い。感情の交流よりも役割の交流の側面が強い。
〈配慮のスキル〉の定着率は平均的であるが，配慮の視点が友達以上に教師に向けられている場合が多い。
以上から，子ども同士の間には一定の距離があり，リレーションも，かかわり合うときのルールの確立も程度が低いものになっている。

(2) 学級のスキルトレーニング＆グループ体験の指針
〈配慮のスキル〉の「対人関係のマナーの順守」と〈かかわりのスキル〉の「基本的な話す態度」「感情表出」を組み合わせた内容から展開していく。
少人数でレクリエーションの要素の多いものを用い，まずリレーションの確立をめざす。

(3) グループ体験の構成度
①取り組ませる集団の人数——4人組くらいから。
②所属するメンバーの構成——対立のない子ども同士。
③ルールやメンバーの役割構成度——自由度と構成度が半々くらいの割合。
④活動時間——20〜30分で一区切りできるものから。

⑤活動のレベル——レクリエーション的なものから。
⑥活動内容——協力すれば容易に取り組めるレベルから，取り組む手続きが簡単なもの。
⑦想定される交流・行動のレベル——役割が主体だが部分的な感情交流ができる。

(4) 教師のリーダーシップの指針
「説得的リーダーシップスタイル」を基本にする。そのうえで，「私は〜と思う」という形で自己表現を意識して行い，役割だけではない自分を出すことを，自らモデルとして示していくことが求められる。

Type C 一部にリレーションが確立している

タイプBと逆で，学級の中に管理的なルールが少なく，子どもたちは気の合った仲間同士だけでくつろいでいるような学級である。ただ，学級内に共有されるコミュニケーションスタイルがないため，各自がバラバラに行動し，クラスとしてのまとまりのないような学級である。

全体的に明るく元気がいいのだが，反対にしらけている子どももいて，元気な子どもとそうでない子どもの差が大きい。授業中も私語が多く，ザワザワとして騒がしい感じがする。

学級内にトラブルも多く，クラスでまとまって一つのことに取り組むのが苦手な学級である。

(1) 学級内のソーシャルスキルの状況
〈配慮のスキル〉と〈かかわりのスキル〉の学級の平均値は標準的なのだが，ともにバラつきが大きく，数字ほど学級内で共有されているスキルは多くない。したがって，大きな集団として活動することがうまくできず，子どもたちは小グループ内での感情の交流が主になっている。

以上から，学級全体では，リレーションもルールも確立の程度が低いものになっている。

(2) 学級のスキルトレーニング＆グループ体験の指針
〈配慮のスキル〉の「基本的な聞く態度」と，〈かかわりのスキル〉の「基本的な話す態度」を組み合わせた内容から展開していく。

少人数で行うレクリエーション的な要素の多いものを用いるが，まず学級内に共有できるソーシャルスキルを一つずつ増やしていくこと，学級内の両スキルの定着率を高める取組みが必要である。つまり，楽しい活動の中で，ルールの確立をめざすわけである。

(3) グループ体験の構成度
①取り組ませる集団の人数——2人組くらいから。
②所属するメンバーの構成——対立のない子ども同士で，かつ，いつもべったりくっついている同じグループの者同士は避ける。
③ルールやメンバーの役割構成度——自由度が少なく構成度が強い。
④活動時間——10分間集中できればよしと考え，そのレベルで短めの取組みを設定する（一つ一つやり遂げたという積み重ねが大事である）。
⑤活動のレベル——レクリエーション的なものを題材にするが，よりソーシャルスキルトレーニングのいろあいの強いもの

⑥活動内容——協力すれば容易に取り組めるレベルから，取り組む手続きが簡単なもの。
⑦想定される交流・行動のレベル——役割が主体だが部分的な感情交流ができる。

(4) 教師のリーダーシップの指針

説得的リーダーシップスタイルを基本にする。そのうえで，ソーシャルスキルの意味ややり方，集団で生活するうえでのルールをていねいに教えていく。

教師も教えたソーシャルスキルや集団で生活するうえでのルールを意識して行動し，定期的に子どもたちの前で自己評価するという，モデルを示していくことが求められる。

Type D　リレーションもルールも確立していない

学級の中に子どもたちが生活していくうえでのベースとなるような規範がなく，集団で活動に取り組むのに支障が出ている学級である。

したがって，一斉授業の成立もむずかしい状況であり，学級崩壊に至る可能性の高い学級である。子どもたちはまとまりがなくバラバラに好き勝手に行動している。しかし，騒然とした学級の雰囲気の中で，互いに内心では緊張しあっている。したがって，協力が生まれにくいばかりか，ちょっとした言葉の行き違いでトラブルが頻繁に起こるのである。

また，このような緊張の中で，その発散の方法としていじめが発生しやすく，不安の強い子どもは強い不適応感をもつことが少なくない。

(1) 学級内のソーシャルスキルの状況

〈配慮のスキル〉と〈かかわりのスキル〉の学級の平均値はとても低い。それ以上に問題なのは，このような学級では，不合理なソーシャルスキルが子どもたちに共有されている場合が多いことである。

たとえば，自分を守るために弱い子を攻撃する，ほかの子どもの失敗はいっせいに嘲笑するといった行動がみられる。その結果，自分がいじめや嘲笑の標的にならないように，みんなの前では目立つことをしないようにとの思いから自分を出さなくなり，ボス的な子どもの言動に同調する行動をとるようになる。

以上から，学級内では良好なコミュニケーションを形成するためのルールが確立しておらず，逆に，強い子に従うなどの陰のルールが存在する可能性もある。子ども同士も人の心の裏を考えて行動する，自分を守るために相手を攻撃するなどの傾向もみられ，リレーションの確立もとても低いものになっている。

(2) 学級のスキルトレーニング＆グループ体験の指針

この学級は，子どもたちが集まるとその雰囲気がある意味では集団ヒステリーのような感じで，負の相互作用が生起してしまう学級である。したがって，グループ体験の活用を考える前に，その負の相互作用をする学級内のシステムを断ち切らなくてはならない。

まず，子ども一人一人を単位にして，彼らの学級内における不安や緊張を緩和し，素直に友達とかかわりたいという気持ちを喚起することが大事である。

そのうえで，〈配慮のスキル〉の「基本

的な聞く態度」と〈かかわりのスキル〉の「基本的な話す態度」を組み合わせた内容を，少人数で，レクリエーション的な要素を多分に含めながら，一歩一歩進めながら行うことが大切である。そのなかで，学級内に共有できるソーシャルスキルを一つずつ増やしていくことである。

(3) グループ体験の構成度
①取り組ませる集団の人数──全体に対して一人としての参加から，そして学級集団の負の相互作用が弱まってきたところで，2人組から実施する。
②所属するメンバーの構成──最初は一人だが，その後，対立していない者同士，ただし，負の相互作用を生むような小グループのメンバー同士は避ける。
（＊以下の内容は，学級集団の負の相互作用が弱まってきたのを前提とした内容である）
③ルールやメンバーの役割構成度──トラブルが生じないように強く構成する。
④活動時間──10分間集中できればよしと考え，そのレベルで短めの取組みを設定する（一回一回をやり遂げたという積み重ねがとく大事である）。
⑤活動のレベル──レクリエーション的なものを題材にし，聞く・話すという基本的なソーシャルスキルトレーニングを行う。
⑥活動内容──協力すれば容易に取り組めるレベルから取り組む手続きがとても簡単なもの。
⑦想定される交流・行動のレベル──役割が主体だが部分的な感情交流ができる。

(4) 教師のリーダーシップの指針
「教示的リーダーシップスタイル」を基本にする。そのうえで，ソーシャルスキルの意味ややり方，集団で生活するうえでのルールを繰り返し教えていくのである。

説明や指示は短く，具体的にすることに努め，必ず子どもたちがそれによって一つの行動ができるようにする。学級内に教師のリーダーシップが発揮されている事実を積み上げていくのである。

教師は，いまは子どもたちから権威や信頼を勝ち取る時期だと考えて，苦しくても取り組むことが必要である。また，定期的に子どもたちの前で自己開示をし，さらに自己評価するという，モデルを示していくことで，学級内のリレーションとルールの確立をめざすのである。

学級の状態は以上の4つが基本形である。そして，各学級集団の状態は，個々の学級の条件によって，その基本形が部分的に変形して表出しているのである。

教師はこの4つの基本形と対応を一応の目安として，自分の学級の特徴や様子を勘案して，アレンジして取り組んでいくことが求められる。

4 検討しながら系統的に

> 実践の再検討は，効果的な方法を選択するために必要なものである。定期的に自分の実践を検討することで，教育実践に系統性が生まれ，教育効果がより向上していく。

実践を再検討する

(1) 効果的な方法を選択するための再検討

教師にとって，自分の実践を検討するのはこわいことである。プラス面はいいが，だれでも自分のマイナスと感じられる面は知りたくないものである。

しかし，変化の激しい子どもと内部で相互作用しあい，徐々に状況が変化する学級集団を相手にした場合，このこわさを乗り越える決断が必要だろう。

教師が自分の実践を再検討するのは，教育目標に照らして，一貫した教育実践，学級経営を進めていくために，より効果的な方法を選択するためである。

(2) 自分なりの座標軸を決める

しかし，教育実践は多面的な作用が複雑にからまり合っているため，なかなか検討しにくい。そこで，自分なりの座標軸を定めて，時間経過によって，自分の実践がその座標軸上でどのように変化したかによって，検討することが効果的である。88ページのコラムで紹介するQ－Uは，そのための座標軸となる道具である。教育実践は，教育目標に照らして，次の3つのプロセスを連続して展開していくことである。

■教育実践のプロセス展開
①現在地の把握
②現在地を踏まえた目的地の設定
③現在地から目的地に行くための方法の設定

現在地から目的地に行くのに，なかなか教師の思いどおりにはいかないものである。紆余曲折の連続かもしれない。しかし，定期的に自分の実践を検討することで，教育実践に系統性が生まれ，教育効果が向上していくのである。教師の思いどおりにいかないといって，子どもたちを責めても問題解決にはつながらず，悪化するほうが多い。結局自分の実践の仕方を修正するしかない。

ポイントは，①から順に検討していくのである。その結果，どこかのプロセスに問題が見つかるはずである。そして，その対策を考えるのである。①の検討として，教師が見えていなかったマイナス要因があるかどうか，現在地把握の妥当性を検討する。②の検討は，目的地の設定のレベルである。教師の期待の大きさの妥当性の検討である。③の検討として，方法の妥当性である。これがいちばん多いのである。思いどおりにいかないと熱くなる前に，より効果的な方法を探すことがいちばんの近道である。

学級育成の基本ステップ

集団の規模	I期 （2人組）	II期 （小集団・4人組）	III期 （中集団・8人位）	IV期 （大集団・学級全体）	V期 （取組みに応じた集団）
メンバー構成	○仲のよい者同士（葛藤のない者同士）	○考え方が似ている者，仲がよい者が集団にいる	○対立のない者同士	○違う考えをもつ者同士	
ルールやメンバーの役割構成度	○自由度が少なく構成度が強い	○自由度より構成度がやや強い	○自由度と構成度が半々	○構成度より自由度のほうがやや高い	○自由度が高く子ども主体
具体的な構成（インストラクション，エクササイズ，シェアリング）	○モデルを示し，模倣させる段階 ・事前に不適正な行動を取り上げ禁止する ・文章完成法，小アンケート法	○いくつかのモデルから選択する段階 ・事前に不適切な行動を明示する ・感想を言わせる	○代表例を示しそれをもとに工夫させる段階 ・代表例を参考にして，自己表現させる	○リーダーによるインストラクションで自由に行動する段階	○必要最低限のルールで自主的に行動する段階
活動時間	○1時間で完結	○2〜3時間で完結	○半日かかるものも可	○1日かかるものも可	○1日以上かかるものも可
活動期間	○1〜2週間	○1ヵ月	○2ヵ月	○3ヵ月	○3ヵ月以上も可能
活動レベル	○協力すれば容易に取り組める	○集団で試行錯誤する幅が少しある	○試行錯誤することが2〜3ある	○活動それ自体が試行錯誤	
活動の際の交流レベル	○特定の問題への取組みや役割に付随した表面的交流	○部分的な感情交流の場がある	○役割交流と感情交流が半々である	○役割交流をきっかけにした感情交流が主である	○自分の考えや価値観をぶつけ合える
指導上の留意点	○2ヵ月間をめどに3人の相手と2人組を経験させる	○集団活動での役割の取り方や連携の仕方を体得させる ・1人1役，リーダー，サブリーダー，フォロアーの3つの役割の体験	○1つの役割をとるメンバーが複数いるなかでのかかわり，一人前の活動ができるメンバーが互いの力を合わせることで2つ以上の取組みができることの体得 ・互いの思いや願いを折衷させ，共同で活動する練習	○集団はどのような方向に動いているのか，個人のかかわりが全体の流れとどう関連しているのかを，定期的に評価し合える取組み ・目標に対していくつかの下位目標を設定するなど，大きな集団で活動するときの方法や活動の仕方の体得	○課題に取り組む際にそれにふさわしい集団の規模，メンバーの構成を考え，自分たちで完結させる練習
ソーシャルスキル / 配慮のスキル（hyper-QU得点の目安）	○基本的な聞く態度 ○会話への配慮 （22点以下）	○集団生活のマナーの順守 ○許容的態度 （23〜25点）	○対人関係のマナーの順守 （26〜29点）	○反省的態度 （30〜32点）	○能動的な援助 （33点以上）
ソーシャルスキル / かかわりのスキル（hyper-QU得点の目安）	○基本的な話す態度 （19点以下）	○集団への能動的な参加 （20〜21点）	○感情表出 （22〜26点）	○自己主張 （27〜28点）	○対人関係形成行動 ○リーダーシップの発揮 ○依頼する行動 （29点以上）
活動をスタートする学級集団の状態	○騒がしくルールが定着していない（学級崩壊直前は1人の作業から）	○どこかギスギスしている ○いくつかのグループが対立している ○おとなしい	○リーダーがいてまとまっている		

コラム★

学級内のルールの確立
「ソーシャルスキル尺度」

河村 茂雄

子どもたちの対人関係が稀薄化している理由の1つに，人とうまくかかわれず，自分が傷つくのを避けるため，相手との心の距離を大きくとっている，という防衛的な面がある。人とうまくかかわれない背景には，"人とのかかわり方""友人関係のもち方"について，子どもたちに共有する部分，すなわち，ルールやマナーが少ないことがあげられる。

ルールは，子ども同士の対人関係を建設的に促進するものである。互いに傷つくことなく，より対人関係を広め深めることができる，そのための行動の仕方のシステムである。人々の集まりが「集団」になるためには，ルールが確立していることが重要なのである。

したがって，学級内で互いにかかわり合うためのルールがどの程度確立しているか，これは学級をまとめるうえでも，心の教育を進めていくうえでも，とても重要なことである。ただし大事な点は，教師が定めた「きまり」に子どもたちがどれだけ従っているのかではない。かかわり合いにおいて，子どもたちがどれくらいルールを意識して行動しているかである。

必要なルールと把握の方法

では，子ども同士が建設的にかかわり合い，学級が集団として成立するためには，どのようなルールが確立していればいいのだろうか。そして，教師はそれをどう把握すればいいのだろうか。

私は「学級生活で必要とされるソーシャルスキル尺度」（P.84，85）を使って調査し，把握することを薦めたい。これは，学級生活を良好に送るためのソーシャルスキルのポイントをまとめたものである。したがって，「どのようなルール」が確立していればよいか，そのルールを学級内で一人一人がどのくらい活用しているかを知ることができる。学級の平均値が，学級に確立されているルールの目安となるのである。

2種類のスキルから成っている。

〈配慮のスキル〉は，まさに対人関係を営むうえでのマナーである。自他の人権を尊重する姿勢が，行動レベルで実行されたものである。〈かかわりのスキル〉は，〈配慮のスキル〉を前提にして，級友と能動的にかかわるのに必要なスキルである。この二領域がバランスよく活用されていることが大事である。

尺度でわかる学級の実際

私の調査では，子どもたちが学級生活に高い満足感をもっている学級では，〈配慮のスキル〉と〈かかわりのスキル〉の得点が，全体の平均値よりもかなり高いことが示されている。逆に，子どもたちが学級生活に満足していない学級では，両者の得点は全体の平均値よりもかなり低い。とくに，学級崩壊の兆候を示している学級ではその傾向が強く，また，〈配慮のスキル〉得点がきわめて低い子どもがボス的な存在として振る舞っているパターンもみられた。

ポイントは，〈配慮のスキル〉と〈かかわりのスキル〉それぞれの得点の高さとバランスである。とくに，〈配慮のスキル〉よりも〈かかわりのスキル〉のレベルが高くなっている場合は，相手に対する配慮よりもかかわりが過剰になっているわけだから，トラブルが生じる可能性が高くなる。

いっぽう，〈配慮のスキル〉と〈かかわりのスキル〉の得点がともに高い学級では，ルールが子どもたちにしっかりと共有され，そのうえで交流が深まる。したがって，よいリレーションが形成され，その結果，学級生活の満足感も高くなるのである。

また，学級のリーダーとなっている子どもたちの，個人得点にも注意する必要がある。

ルールを確立するための取組み方

学級にルールを確立させるためには〈配慮のスキル〉から取り組み始めることがポイントである。そして，〈配慮のスキル〉のレベルに合わせて〈かかわりのスキル〉を組み合わせ，同時に子どもたちに練習させる（2つのスキルのレベルごとの組み合わせは，次ページを参照）。

その際，子どもたちは〈かかわりのスキル〉のほうに関心がいきがちになるが，〈配慮のスキル〉の意味と必要性を最初に十分説明することで，意識して取り組むようになる。また，最後には2つのスキルについて振り返るようにすることが大事である。

目安となる得点（学級の平均値）

小学校
〈配慮のスキル〉得点（18項目）
- とても良好……67点以上
- 良好…………63点以上～67点未満
- 平均的………55点以上～63点未満
- やや低い……50点以上～55点未満
- かなり低い……50点未満

〈かかわりのスキル〉（12項目）
- とても良好……43点以上
- 良好…………40点以上～43点未満
- 平均的………33点以上～40点未満
- やや低い……30点以上～33点未満
- かなり低い……30点未満

2つのソーシャルスキルの組み合わせ方とレベル（小学生）

1　段　階

配慮のスキル	かかわりのスキル
●基本的なあいさつ 　何か失敗したときに「ごめんなさい」と言う 　何かしてもらったときに「ありがとう」と言う ●基本的な聞く態度 　友達のまじめな話はひやかさないで聞く 　友達が話しているときはその話を最後まで聞く ●会話への配慮 　友達の気持ちを考えながら話をする 　相手が傷つかないように話をする	●基本的な話す態度 　相手に聞こえるような声で話をする 　みんなと同じくらい話をする

2　段　階

配慮のスキル	かかわりのスキル
●集団生活のマナーの順守 　みんなで決めたことには従う 　係の仕事を最後までやりとげる ●許容的態度 　班活動で友達が一生懸命やって失敗したときは許す 　友達同士でいて，腹が立っても「カーッ」とした態度を取らない ●さりげないストローク 　友達が何かをうまくしたときに「上手だね」とほめる 　友達が元気のないときに励ます	●集団への能動的な参加 　みんなのためになることは自分で見つけて実行する 　友達が楽しんでいるときに，もっと楽しくなるように盛り上げる

3　段　階

配慮のスキル	かかわりのスキル
●対人関係のマナーの順守 　友達との約束は守る 　友達の秘密は黙っている	●感情表出 　嬉しいときは笑顔やガッツポーズなどの身振りで気持ちを表す 　面白いときは声を出して笑う

4　段　階

配慮のスキル	かかわりのスキル
●反省的態度 　友達とケンカしたときに自分にも悪いところがないか考える 　何かを頼んだりするときに相手に迷惑がかからないか考える	●自己主張 　自分だけ意見が違っても自分の意見を言う 　ほかの人に左右されないで自分の考えで行動する

5　段　階

配慮のスキル	かかわりのスキル
●能動的な援助 　自分がしてもらいたいことを友達にしてあげる 　友達が悩みを話してきたらじっくり聞いてあげる	●対人関係形成行動 　自分から友達を遊びに誘う 　初めて会った人でも話をする ●リーダーシップの発揮 　友達の中心になって何をして遊ぶかアイデアを出す 　係の仕事をするときに何をどうやったらいいか意見を言う

じぶんの行動をふりかえるアンケート（小学生用）

いまの自分の行動に近い数字に○をつけてください。

数字には次のような意味があります。

> 4：いつもしている
> 3：ときどきしている
> 2：あまりしていない
> 1：ほとんどしていない

1 何か失敗したときに「ごめんなさい」と言っていますか。・・・・・4—3—2—1

2 友だちのまじめな話は，ひやかさないで聞いていますか。・・・・・4—3—2—1

3 班活動で友だちが一生けんめいやって失敗したときは，ゆるしていますか。
・・・・・・・・・・・・・・・・4—3—2—1

4 みんなで決めたことには，従っていますか。・・・・・・・・4—3—2—1

5 友だちの秘密はだまっていますか。・・・・・・・・・・・・4—3—2—1

6 友だちが何かをうまくしたとき，「じょうずだね」とほめていますか。 4—3—2—1

7 友だちの気持ちを考えながら話をしていますか。・・・・・・・4—3—2—1

8 何かを頼んだりするとき，相手に迷惑がかからないか考えていますか。 4—3—2—1

9 自分がしてもらいたいことを友だちにしてあげていますか。・・・・4—3—2—1

10 みんなと同じくらい話をしていますか。・・・・・・・・・・・4—3—2—1

11 うれしいときは，えがおやガッツポーズなどのみぶりで気持ちをあらわしていますか。
・・・・・・・・・・・・・・・・・4—3—2—1

12 自分から友だちをあそびにさそっていますか。・・・・・・・・・4—3—2—1

13 みんなのためになることは，自分で見つけて実行していますか。・・・4—3—2—1

14 友だちの中心になって，何をしてあそぶかアイデアをだしていますか。・4—3—2—1

15 自分だけ意見が違っても，自分の意見を言っていますか。・・・・・4—3—2—1

コラム　学級内のルールの確立

年　　組　　番　なまえ（　　　　　　　　　）

16　何かしてもらったときに「ありがとう」と言っていますか。・・・・・4－3－2－1

17　友だちが話しているときは，その話を最後まで聞いていますか。・・・4－3－2－1

18　友だち同士でいて腹がたっても「カーッ」とした態度をとらないでいますか。
　　　　　　　　　　　・・・・・・・・・・・・・・・4－3－2－1

19　係の自分の仕事は，最後までやりとげていますか。・・・・・・・・4－3－2－1

20　友だちとの約束は，守っていますか。・・・・・・・・・・・・・・4－3－2－1

21　友だちが元気のないとき，はげましていますか。・・・・・・・・・4－3－2－1

22　相手が傷つかないように話をしていますか。・・・・・・・・・・・4－3－2－1

23　友だちとけんかしたときに，自分にも悪いところがないか考えていますか。
　　　　　　　　　　　・・・・・・・・・・・・・・・4－3－2－1

24　友だちがなやみを話してきたら，じっくり聞いていますか。・・・・4－3－2－1

25　相手に聞こえるような声で話していますか。・・・・・・・・・・・4－3－2－1

26　おもしろいときは，声をだしてわらっていますか。・・・・・・・・4－3－2－1

27　はじめて会った人でも話をしていますか。・・・・・・・・・・・・4－3－2－1

28　友だちが楽しんでいるときに，もっと楽しくなるよう，もりあげていますか。
　　　　　　　　　　　・・・・・・・・・・・・・・・4－3－2－1

29　係の仕事をするとき，何をどうやったらよいか意見を言っていますか。4－3－2－1

30　他の人に左右されないで，自分の考えで行動していますか。・・・・4－3－2－1

ソーシャルスキル尺度（小学生用）　個人用集計表

質問番号	得	点
1		
2		
3		
4		
5		
6		
7		
8		
9		
10		
11		
12		
13		
14		
15		
16		
17		
18		
19		
20		
21		
22		
23		
24		
25		
26		
27		
28		
29		
30		
合計点		

↓　　↓
配慮の　かかわり
スキル　のスキル
得点　　得点

	配慮の スキル得点	かかわりの スキル得点
A:とても良好	67〜	43〜
B:良好	63〜66	40〜42
C:平均的	55〜62	33〜39
D:やや低い	50〜54	30〜32
E:かなり低い	〜49	〜29

＜　　　　　＞さんのスキルレベルは…

配慮のスキルは　　　　　　　　　　です
かかわりのスキルは　　　　　　　　です

コラム　学級内のルールの確立

ソーシャルスキル尺度（小学生用）　学級用集計表

	配慮のスキル得点									かかわりのスキル得点						配慮のスキル得点									かかわりのスキル得点						配慮スキル合計点	かかわりスキル合計点
	1	2	3	4	5	6	7	8	9	10	11	12	13	14	15	16	17	18	19	20	21	22	23	24	25	26	27	28	29	30	上段合計点	下段合計点
1																																
2																																
3																																
4																																
5																																
6																																
7																																
8																																
9																																
10																																
11																																
12																																
13																																
14																																
15																																
16																																
17																																
18																																
19																																
20																																
21																																
22																																
23																																
24																																
25																																
26																																
27																																
28																																
29																																
30																																
31																																
32																																
33																																
34																																
35																																
36																																
37																																
38																																
39																																
40																																

配慮のスキル

かかわりのスキル

平均点（　　　）（　　　）

	配慮	かかわり
とても良好	67〜	43〜
良好	63〜66	40〜42
平均的	55〜62	33〜39
やや低い	50〜54	30〜32
かなり低い	〜49	〜29

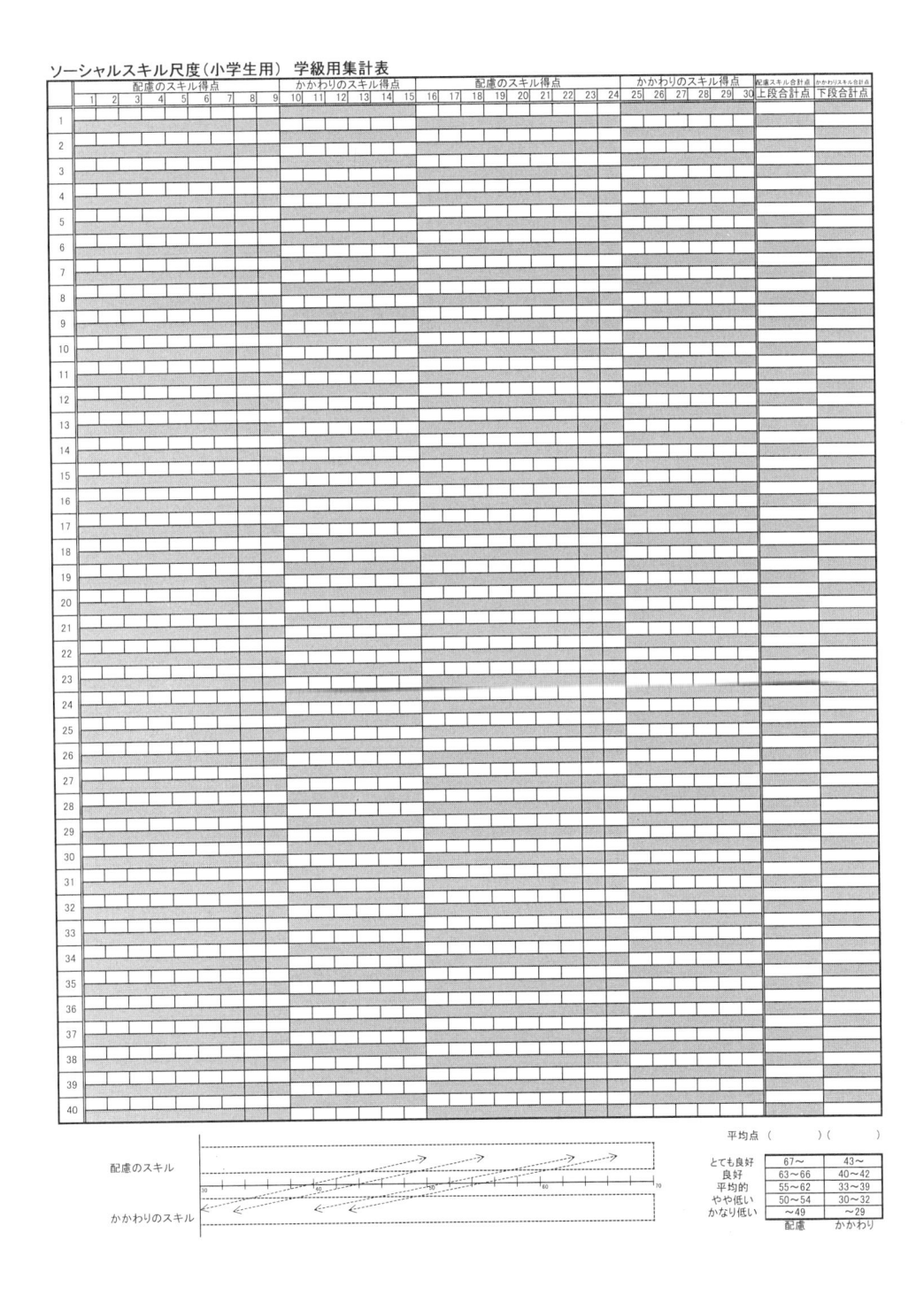

コラム★

学級満足度尺度とは
「Q-U」

河村 茂雄

本プログラムを実施するためのもう一つの指標「学級満足度尺度」について説明する。本尺度は，『楽しい学級生活を送るためのアンケートQ-U』（河村茂雄著，図書文化）として市販されている。

Q-Uの構成

Q-Uは，2つの質問紙と自由記述のアンケートから構成されている。

質問紙の1つは「いごこちのよいクラスにするためのアンケート：学級満足度尺度」，もう一つは「やる気のあるクラスをつくるためのアンケート：学校生活意欲尺度」である。それぞれ小学生用と中学生用があり，質問項目が違う。

A　学級満足度尺度

子どもが学級にどのくらい満足しているかを測る尺度。承認得点と被侵害得点の2つを組み合わせて測定する。

承認得点は，「私はクラスの中で存在感がある」「学級内に本音や悩みを話せる友人がいる」などの，学級のなかで自分が認められているという思いを測る。また被侵害得点は，「学級の人から無視されるようなことがある」「学校に行きたくないときがある」などの，学級のなかでいじめや悪ふざけなどを受けているという思いを測る。

B　学校生活意欲尺度

「友人との関係」「学級との関係」「学習意欲」など，子どもが学校生活の中のどの場面について，とくに意欲をもっているかを把握する尺度である。

Q-Uの5つの特長

①短時間でできる

Q-Uは短時間で実施でき，集計も40分以内に終わることをめざして開発されている。帰りの会などで子どもたちに実施し，空き時間に集計を終えることができる。

②個人と集団の両側面を把握できる

Q-Uの大きな特徴は，3つの側面を測定できることである。3つの側面とは，a.個人の心的内面，b.学級の集団としての状態，c.学級における子どもたちの関係である。

③結果がわかりやすい

Q-Uは結果を視覚的にとらえることができる。よって実態把握がしやすく，変容もとらえやすい。

④子どもの変化にすぐ反応する

エンカウンターの実施が，すぐに目に見える形で子どもの行動変容につながらない場合も多い。しかしQ-Uでは，子どもの心的内面を自分自身で振り返らせるため，行動変容にまではいたらない内面の変化を，より敏感により的確にとらえられる。

Q-Uの使い方

Q-Uでは実際にどのように子どもたちの実態を把握していくのだろうか。2つの質問紙のうち，ここでは多面的な実態把握ができる学級満足度尺度を中心に述べる。

(1) アンケートの実施

学級満足度尺度は，小学校12，中学校20項目の質問からできている。子どもたちに用紙を配り，あまり深く考えずに小学校は4件法，中学校は5件法で答えてもらう。帰りの会などで，5〜10分程度で実施できる。

(2) 結果の出し方

学級満足度尺度は，90ページのような分布図に結果を記述する。アンケートに添付されている記録用紙「いごこちのよいクラスにするためのアンケート集計表」に得点を書き込んでいくと，承認得点と被侵害得点の合計点が求まるので，それを図上に書き込んでいけばよい。結果を記入する際は，印の横に子どもの名前や出席番号を書き込んでおくと便利である。作業時間は，解釈を含めて約40分である。

結果の分布図は，承認得点をY軸，被侵害得点をX軸に取っている。X軸とY軸の交わる点は，全国平均値である。この交点を基準に，子どもたちの学級への満足感を4つの群に分類する。4つの群の意味は次のとおりである。

- 学級生活満足群――学級で存在感があり，かついじめや悪ふざけを受けている可能性が低い子どもたち。承認得点が高く被侵害得点が低い。
- 侵害行為認知群――自主的に活動しているが少し自己中心的で，ほかの子とトラブルを起こしている可能性が高い子どもたちである。承認得点と被侵害得点が高い。
- 非承認群――いじめや悪ふざけを受けている可能性は低いが，認められることが少なく，自主的に活動することが少ない子どもたち。承認得点と被侵害得点が低い。
- 学級生活不満足群――いじめや悪ふざけを受けている可能性が高く，学級のなかに自分の居場所が見いだせない子どもたち。承認得点が低く被侵害得点が高い。

(3) 結果の読み取り方

学級満足度尺度の結果から，次の3つの情報を読み取ることができる。これらをもとに，学級で実施するエクササイズを選定したり，個別の子どもへのケアを考えるわ

けである。詳しい解釈の方法については，『Q-Uコンサルテーションガイド』（図書文化）を参考されたい。また，エンカウンター実施前後の結果を比べることで，効果測定に用いることができる。

　a．個人の心的内面

　それぞれの子どもが4つの群のどこにいるかから，学級への満足感を把握できる。

　b．学級の集団としての状態

　子どもたちが4つの群にどのように分布しているかから，学級状態を把握できる。

　c．学級における子どもの関係

　学級のリーダー，気になる子，私的なグループなど，教師のもっている情報を加えていろいろな視点から分布をみることにより，日常観察だけでは把握できない人間関係や，子どもと学級との関係がみえてくる。

分析するうえでの5つの留意点

①調査結果をもとに子どもを叱責したり，結果を公開したりしない

　結果をもとに叱責しては，子どもの本音が引き出せない。また，調査結果を秘密にするのは当然のことである。

②調査をしたら必ず対応する

　とくに学級生活不満足群の児童は，教師にアピールをしているのである。個別面接などをして，ていねいな対応をすぐに行う必要がある。

③日常観察も行う

　調査結果を有効に活用できるかどうかは，日常観察の深さにかかっている。調査結果をうのみにしないためにも，日常観察は大切である。

④継続して調査する

　継続して調査すると子どもの変容がよくわかる。また指導計画の修正も適正になる。

⑤あきらめず柔軟に

　なかなか成果が出ないと，エンカウンターの実施も調査もあきらめたくなるものである。調査結果を真摯に受けとめ，柔軟に対応していけば，Q-Uの結果は必ず感度よく反応する。

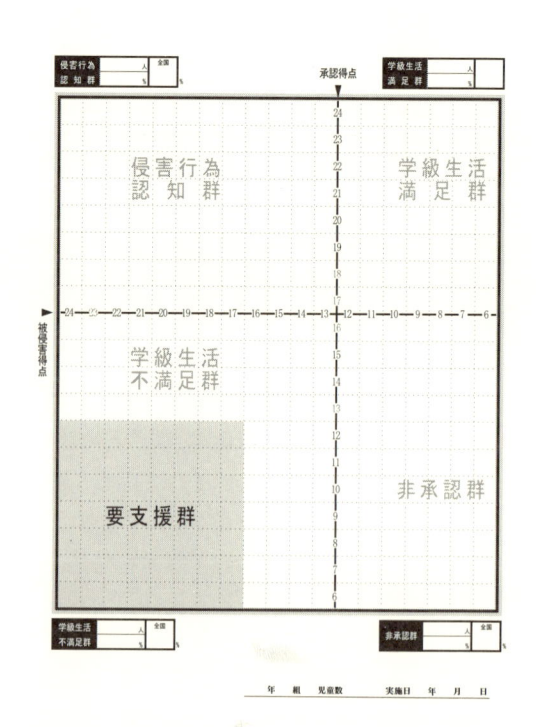

第4章

学級育成プログラムの6事例

第4章では，1，2，3章を踏まえ，
実際の事例を通して，
①現在地の把握，
②現在地を踏まえた目的地の設定，
③現在地から目的地へ行くための方法の設定
の教育実践のプロセス展開を見ていく。
各教師がどのように①②③の各プロセスを経てきたかを読んでほしい。
選択した対応は，それがすべてではないだろう。
ただその教師にはそのとき考えられる最良の選択だったと思う。
ここであげる事例を，
実際の学級経営プログラムを立てる際の参考にし，役立てていただきたい。

本章の解説

　本章の内容は，文部省科学研究費補助金の助成をうけて行った一連の研究をもとにしている。児童生徒の人間関係能力を，教師が学級集団を通してどのように育成すればよいのかを研究したものである。
　この研究から，
○児童生徒の心の教育を推進する取組み
○学級集団を育成する学級経営のあり方
この2点を同時に達成する教師の対応方法として，いくつかの知見が得られた。
①児童生徒の学級生活における満足感が高い学級は，集団としてまとまっていた。逆の場合は，集団としての成立が困難な状況になっていた。
②学級生活における満足感が高い児童生徒は，学習意欲，友達を形成しようとする意欲，集団活動に主体的に取り組もうという意欲がとても高かった。
③児童生徒の学級生活における満足感が高い学級は，ソーシャルスキル得点の学級平均値が高かった。
④ソーシャルスキル得点の学級平均値が高まるような活動を教師が実践すると，児童生徒の学級生活の満足感は高まった。
⑤同じエクササイズを同じ手順で実施しても，学級集団の状態，ソーシャルスキル得点の学級平均値の差によって，児童生徒の学級生活の満足感に及ぼす影響は異なった。

　この成果を，日々の教師の教育実践に活用できるように翻訳すれば，次のとおりである。

> ①学級集団の状態，ソーシャルスキル得点の学級平均値に応じて，
> ②ソーシャルスキルトレーニングを加味したグループ活動を計画的に展開すれば，
> ③児童生徒の学級生活の満足感が向上し，
> ④学級集団が親和的・組織的に育成され，
> ⑤児童生徒の学習意欲，友達を形成しようとする意欲，集団活動に主体的に取り組もうという意欲と技術が高まる。

　第4章は，筆者らの研究グループが実際に行った調査・介入の結果に基づき，前述の流れ，第1，2，3章の内容を具体的に説明できる代表事例を紹介するものである。
　学級集団の状態，学級のソーシャルスキルの定着度の分析と対応計画の作成は，私を中心に，河村研究室に所属する大学院生全員（現職派遣の大学院生，OB，研究生を含む）で行った。
　その結果をもとに，各大学院生が個別にその学級を担任する教師にコンサルテーションをする形をとった。同時に，定期的に調査は実施された。
　したがって，本章の各節は担任教師の記録を参考に，調査結果の分析と対応計画を加味させて，コンサルテーションを実施した河村研究室のメンバーがまとめたものである。
　なお，事例学級の児童生徒，担任教師はまだその学校に在籍しており，プライバシーの保護のため，匿名とした。

第4章　学級育成プログラムの6事例

1 リーダーのいるまとまりのあるクラス

(学年：5学年，介入：6月〜2月)

目的地① 一人一人の児童が主役になれる学級にする
目的地② 一人一人の児童が，友達に配慮しながら自分の意見を主張しあえる学級にする

実践の概要

■担任の様子

A先生（28歳・男性）は，その誠実な人柄から，子どもたちに親しみをもたれているのがわかります。この4月から学級替えを行った5年生の担任となりました。過去4年は，5・6年生を繰り返して担任し，5年生の担任は今回で3回目です。

新学期から2カ月経過したところで，過去に担任した5年生の学級と比較してみると，「学級生活が楽しい」という雰囲気ができていると感じていました。A先生は，その雰囲気を活用して児童一人一人を成長させるような活動を行っていきたいと考えていました。

コンサルテーションによって，A先生は学級における児童同士の交流の度合いに注目するようになり，行事を利用して児童間のリレーションを深めていきました。

また，児童が指導をどのように受け取っているかということに注意をはらうようになり，さらに，自身がエクササイズのリーダーを務めることで，児童と一緒に活動に参加するだけではなく，児童のとるべき行動に関しては，しっかり指導することの大切さも実感しました。

■学級の様子

A学級は，担任の指導に従って，なにごとにも積極的に取り組む児童が多い学級でした。

学級を引っ張る男子3名のグループが学級のリーダーとなり，ほかの児童もリーダーグループに協力しており，活気のある学級という印象をもちました。大半の児童が学校を楽しいと感じている様子でした。

コンサルテーション後も，児童の行事への取組みは積極的で，行事を終えるごとに児童間のリレーションの深まりを感じました。また，以前は特定のリーダーが中心になっていましたが，いろいろな場面で，個々の子どもがリーダー的存在として活躍するようにもなりました。

当初の調査より，〈配慮のスキル〉〈かかわりのスキル〉ともに平均値を上回っており，ソーシャルスキルが身についている児童の多い学級なので，互いを認め合うエクササイズを展開することなどにより，相手の意見を聞いたうえで自分の意見を述べるといった，高度なスキルも身についていきました。また，自分の感情を友達に上手に伝えるなどの高度なスキルも習得しました。

A学級は1年間を通して活気があり，児童間の結びつきが強い学級でした。

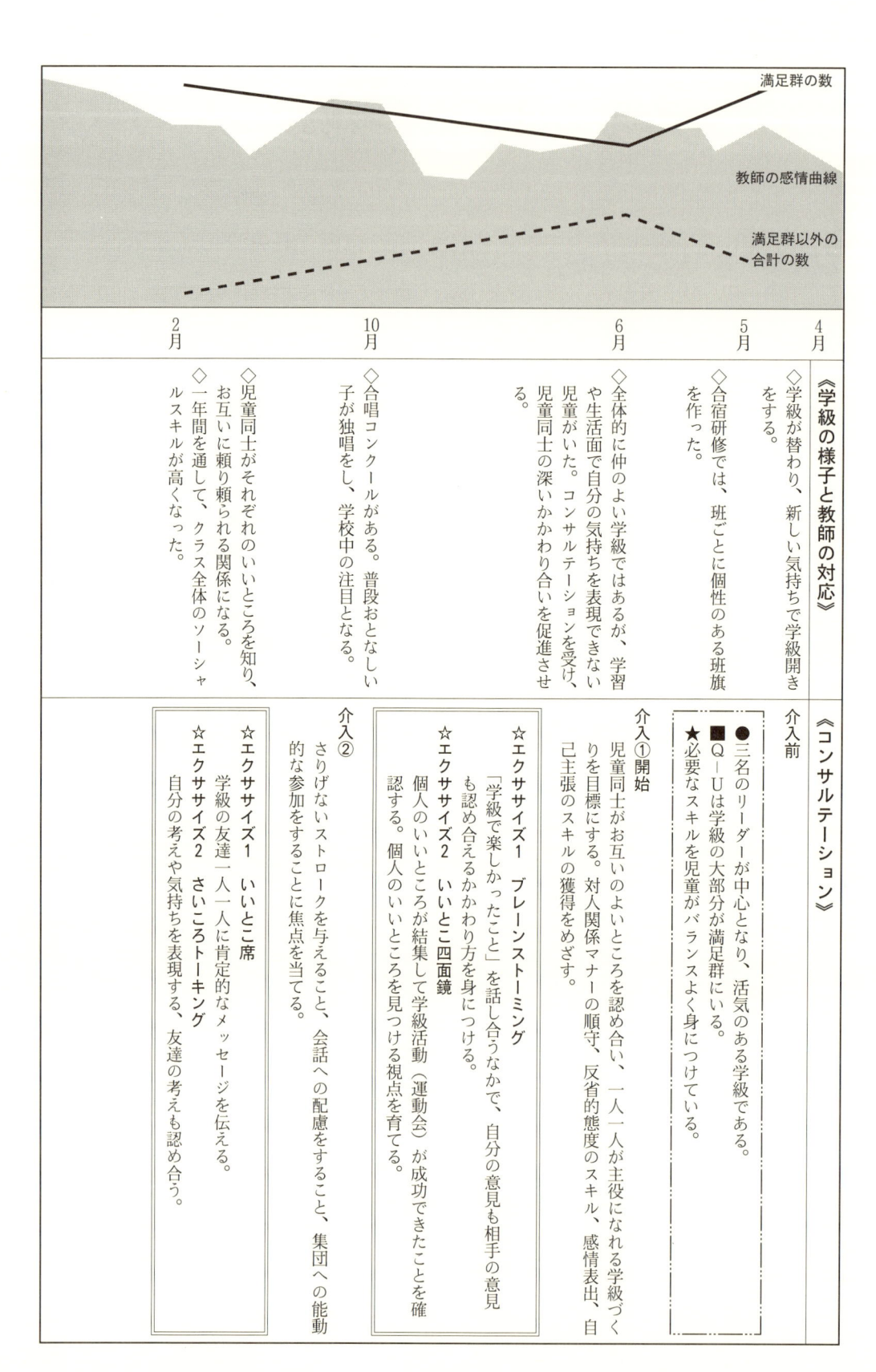

満足群の数
教師の感情曲線
満足群以外の合計の数

	学級の様子と教師の対応	コンサルテーション
4月	◇学級が替わり、新しい気持ちで学級開きをする。	介入前 ● 三名のリーダーが中心となり、活気のある学級である。 ■ Q-Uは学級の大部分が満足群にいる。 ★ 必要なスキルを児童がバランスよく身につけている。
5月	◇合宿研修では、班ごとに個性のある班旗を作った。	介入①開始 ☆エクササイズ1 ブレーンストーミング 児童同士がお互いのよいところを認め合い、一人一人が主役になれる学級づくりを目標にする。対人関係マナーの順守、反省的態度のスキル、感情表出、自己主張のスキルの獲得をめざす。
6月	◇全体的に仲のよい学級ではあるが、学習や生活面で自分の気持ちを表現できない児童がいた。コンサルテーションを受け、児童同士の深いかかわり合いを促進させる。	☆エクササイズ2 いいとこ四面鏡 個人のいいところが結集して学級活動（運動会）が成功できたことを確認する。個人のいいところを見つける視点を育てる。
10月	◇合唱コンクールがある。普段おとなしい子が独唱をし、学校中の注目となる。	介入② さりげないストロークを与えること、会話への配慮をすること、集団への能動的な参加をすることに焦点を当てる。
2月	◇児童同士がそれぞれのいいところを知り、お互いに頼り頼られる関係になる。 ◇一年間を通して、クラス全体のソーシャルスキルが高くなった。	☆エクササイズ1 いいとこ席 学級の友達一人一人に肯定的なメッセージを伝える。 ☆エクササイズ2 さいころトーキング 自分の考えや気持ちを表現する、友達の考えも認め合う。

新学期の様子（4～5月）

　A学級は，私にとって3度目の5年生の学級です。いままでに受けもった子どもたちとはしっくりとした関係をつくることができたと思っています。今度の学級も，一人一人の子どもとの関係をしっかりとつくり，学級活動を通して子ども同士のつながりを育てていきたいと思っています。

　学級替えを行ったわりには，4月から学級内で子ども同士の交流があると思いました。子どもたちが新しい環境でたくさん友達をつくろうとがんばっているのだと考え，さらに交流が広がるように指導してきました。学級での活動には私自身も児童と一緒になって動きました。学級の雰囲気を明るくするようなリーダーとなる男子が3名おり，その子たちを中心にして学級の行事を進めてきました。そのほかの子どもたちもリーダーを支えて，学級がまとまっていきました。どの児童も学校に来ることが楽しいと感じていたと思います。

　私は，そういう子どもに囲まれている自分がとても恵まれていると思います。しかし，私が指導しなくても学級がまとまっていく様子に多少のさびしさも感じています。

学級満足度分布（5月）

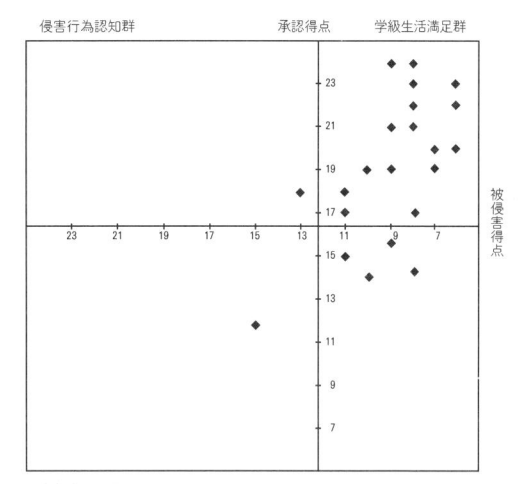

スキル得点グラフ（配慮のスキル）　64.7

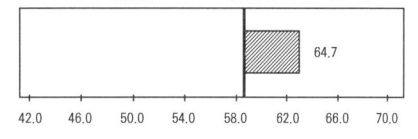

スキル得点グラフ（かかわりのスキル）　41.2

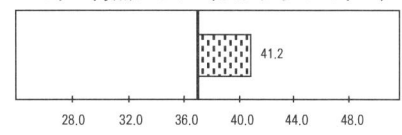

※　棒グラフの始点は平均値を表します。

アセスメント

- 多くの児童が学級生活に満足感をもっています。理想的な学級の状態といえます。
- 学習や学級活動などの学級生活に意欲的に取り組んでいると考えられます。
- 主体的な活動がほかの児童から認められるので，学級に安心感と楽しい雰囲気ができていると考えられます。
- 児童が何かに失敗したときにも，許し合える関係が築かれていると考えられます。
- A先生への信頼度が高く，指導が児童に徹底しやすい状態であると考えられます。
- 集団による教育力が高い学級であり，今後の成長が期待できます。
- 〈配慮のスキル〉と〈かかわりのスキル〉の両方とも平均値を上回っており，児童にソーシャルスキルが身についていると考えられます。

介入前の様子（6月）

　学級はリーダーを中心にまとまりがあり，子どもたちはさまざまな活動に積極的に参加しています。「先生，学校に来るのが楽しいね」と言ってくれる子どももいます。私はこのままの状態が続いてほしいと思うと同時に，いつかこの状態が崩れてしまうのではないかという不安があります。

　学級がよい雰囲気ですから，子どもの成長を目標に，よりよい指導をしていかなくてはいけないと思っています。具体的には，特定の子どもだけでなくて，子ども一人一人がいろいろな場面でリーダーになってほしいと思っています。しかし，どのような指導をすればよいのかがわからず，手をこまねいています。

学級満足度分布（6月）

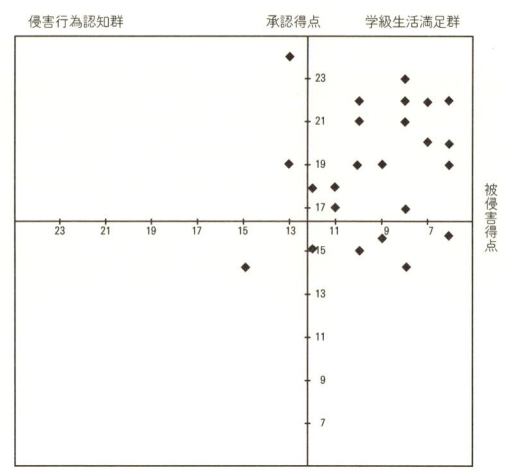

侵害行為認知群　承認得点　学級生活満足群

被侵害得点

学級生活不満足群　非承認群

スキル得点グラフ（配慮のスキル）　65.6
42.0　46.0　50.0　54.0　58.0　62.0　66.0　70.0

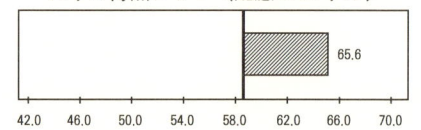

スキル得点グラフ（かかわりのスキル）　41.0
28.0　32.0　36.0　40.0　44.0　48.0

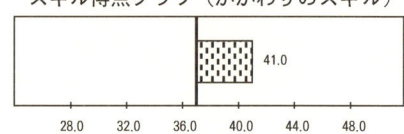

※　棒グラフの始点は平均値を表します。

アセスメント

- 5月と同様に，学級生活に満足感をもっている児童が多いことがわかります。
- 児童が意欲的であると思いますので，児童が自主的にさまざまなエクササイズに取り組むことができると考えられます。
- スキル得点は，5月よりもわずかですが上昇しました。学級で人気のある児童（たとえばリーダーの子）がよいモデルとなっているのかもしれません。
- スキル得点は平均値を超えており，〈配慮のスキル〉と〈かかわりのスキル〉のバランスもよいと考えます。
- 基本的なスキルは身につけているので，より高度なスキルを身につけるように指導ができると思います。

介入①

目的地①

一人一人の児童が主役になれる学級にします。

ターゲットスキル

- 対人関係のマナーの遵守（友達との秘密を守る）
- 反省的態度（相手に迷惑がかからないようにする）
- 感情表出（嬉しい気持ちを態度で示す）
- 自己主張（自分の意見を言う。自分の考えで行動する）

方法

一人一人の児童が主役になれるポイントを見つけます。お互いに相手のすばらしい点を見つけるようにします。

●エクササイズ１〔ブレーンストーミング〕

ポイント

① インストラクションでは，「友達の多い人に共通するのは，話が面白いことよりも相手の発言を認めていることだと思います。これから行う活動では自分の意見を話しますが，相手の意見も認められるようになるといいと思います」と話して，エクササイズへの参加の意欲を高めます。

② グループのメンバーや役割分担がいつもと同じにならないように指示します。

③ 発言するときに，テーマに関することであれば，だれもが自由に自分の意見を発表してよいことを指示します。加えて，相手を傷つけることや攻撃するようなことは言ってはいけないことを指示します。

④ メンバーは，発表者の意見と自分の意見が異なるときでも，発表中はともかく聞くようにします。そして，「○○君の意見は間違っていると思います」などの否定的な評価を入れずに，自分の意見だけを述べるように指示します。

⑤ テーマは「学級のいいところ」など，学校生活を通して感じていることから始めます。しだいに，「来月の学級の目標にしたいこと」「なりたい職業」など，将来のことをテーマにします。児童がテーマを自主的に選んでいくという方法を用いることも可能です。

⑥ 児童が自主的に取り組み，エクササイズが順調に進みはじめたら，教師も参加して，児童と一緒になって楽しみます。

⑦ シェアリングは，初めに教師が感想を自己開示してモデルを示します。

●エクササイズ２〔いいとこ四面鏡〕

ポイント

※指導例は64，136ページ参照

① インストラクションでは，「人にはだれにでもすばらしい点があります。それをみんなで見つけて，『すごいね』と言い合えると，だれとでも仲のよい友人になれると思います」などと，級友のよい点に注目することへの意欲を高めます。

② 運動会で係活動が一緒だった児童でグループをつくるように指示します。

③ 運動会の練習などを通して見つけた級友のいいところを「いいとこシート」に○印を３個つけるように指示します。「いいところを級友に知らせることは，相手をたたえることです」などとその重要性を語り，真剣に取り組むようにします。

④ シートを隣の人に渡すときには「ハイ，どうぞ」と言い，受け取るときも「あり

がとう」と返事をするように指示します。
⑤全員が○印をつけ終わるまでは、いいとこシートを見ないように指示します。
⑥各自が「いいとこ四面鏡」を開き、時間をかけて見ます。「どの欄に○印が多いですか、だれがどの欄に○印をくれましたか」と問いかけて、いいとこ四面鏡をみる視点を示します。
⑦メンバーに、そう思った理由を質問します。ほかのメンバーは回答に共感するときには、「ぼく（私）もそう思います」と話し、質問者は回答を聞いたら「ありがとう」と感謝の気持ちを表します。
⑧グループのリーダーがメンバーの「とてもいいところ（○印がたくさんついたところ）」を学級全体に紹介します。メンバーは、紹介ごとに拍手します。
⑨教師は児童の「とてもいいところ」を黒板に書いていきます。
⑩○印の中で自分でもそう思うところを「私の宝物」シートに書き出します。
⑪シェアリングはグループ内で行います。素直な感想を述べ合います。教師も、「みんなが友達のいろいろないいところを見つけられるのですごいと思いました」などと自己開示して、シェアリングに加わります。
⑫「とてもいいところ」やシェアリングの内容を、名前を入れて学級通信に載せます。朝の会で児童に配布して、児童が読む時間を設定します。また、「私の宝物」シートにコメントをつけて児童に返し、その後、教室に掲示します。

転移

①「ブレーンストーミング」後に発展型として、出された意見にランキングをつけます。学級目標などの学級で共有できるテーマのときは、エクササイズの結果を模造紙に書いて、「みんなでめざそうベスト5」などのタイトルつけて掲示します。「給食人気メニューベスト10」「友達のすてきな言葉ベスト20」など、学級活動にもブレーンストーミングを用います。
②各教科でも「○年○組が選ぶ偉人ベスト10」「行ってみたい国ベスト10」「むずかしい漢字ベスト20」「得意な体育種目ベスト5」など学習活動にブレーンストーミングを用います。
③級友のいいところを見つける習慣をつけるために、すぐに投函できる「いいとこBOX」を用意します。BOXに投函された級友のいいところを、見つけてくれた児童とともに帰りの会で紹介します。
④模造紙に名前を書き、いいところを紹介してくれた児童の欄に、紹介してもらった児童がいいとこシールをはります。

教師のリーダーシップ

①教師は、行動のモデルを示す程度の教示にとどめます。そして、児童が主体的にエクササイズに取り組むようにします。
②指導になじめない児童もいると思われますので、専科担当の先生などから児童の様子を聞いたり、日常観察を注意深く行ったりして、そのような児童を見つけて、個別対応していきます。
③教師は、これまでどおり児童と一緒に活動します。それに加えて、活動の基本的なルールは、きちんと指示をするように心がけます。これにより援助と指導のバランスがよくなると思います。また、「みんながつける先生の通信簿」などのタイトルをつけたアンケートを用意して、児童が教師のリーダーシップをどのようにみているか調査します。

第4章 学級育成プログラムの6事例

| エクササイズ① | ブレーンストーミング |

インストラクション

留意点

教師の教示＝●子どもの反応・行動＝☆

- ●さて問題です。友達が多い人にはどんな特徴があるでしょうか？ ①話が面白い人，②スポーツができる人，③人の発言を認めてくれる人。どれでしょう。①だと思う人，手をあげて。（以下③まで手をあげさせる）
- ●正解は③です。自分の話を「うん，うん」と聞いてくれたら，どんな気持ちがしますか。嬉しい気持ちになると思います。そういう人にはたくさん話をしたいと思いますよね。だから友達がたくさんできるんです。
- ●今日は，自分の意見も言うけど，ほかの人の意見も認める活動をしたいと思います。まず，各グループごとに机を合わせてください。
- ●あるテーマについて，自分が考えたことをどんどん出してもらいます。どんなことでもいいですが，友達を傷つけることや，友達が気にしているようなことは，言ってはいけません。自分と違う意見でも反対しないで聞きましょう。「うん，うん」と言って聞くことがルールです。
- ●グループでじゃんけんをします。勝った人は手をあげて。その人が今日のリーダーです。リーダーの左の人は今日の書記です。書記は，みんなの意見を書いてください。では，リーダーは前に紙を取りに来てください。

- ●問題形式などにして，児童のエクササイズへの意欲を高める。
- ●具体的にどういう聞き方が，相手の意見を認める聞き方なのかを示す。
- ●ルールはいつも確認できるように，黒板などに書いておく。
- ●じゃんけんなどでリーダーを決め，全員がいろいろな役割を経験できるようにする。

エクササイズ

- ●テーマは「学級のいいところ」です。思いついたことをどんどん出します。時間は5分です。いっぱい出したグループの勝ちです。では，始め。
  ☆「面白い人がいっぱいいるところ」「元気があるところがいいと思います」

シェアリング

- ●はい，それでは，各グループのリーダーは，いまグループで出た意見をみんなに教えてください。聞く人は，「自分もそう思う」という意見があったら，黙ってうなずいて知らせてください。では，お願いします。
  ☆発表する。（各グループの発表が終わるたびに，賞賛と拍手を送る）
- ●みんなよく考えましたね。優勝は○グループでした。拍手しましょう。
- ●それから，惜しくも優勝は逃したけど，ほかのグループも面白い意見がたくさん出ましたね。面白いと思った意見には，どんなものがあったかな。
- ●（声を受けて）そうですね，あと，△グループの〜もよかったですね。みんな，一生懸命考えてがんばりました。自分たちに拍手しましょう。
- ●それでは，各グループごとに，今日の感想を話し合ってもらいます。自分の思いついたことを言えたでしょうか。自分の考えをみんなが反対しないで聞いてくれて，どんな感じがしましたか。聞き方が上手な人はいましたか。リーダーが司会をして，今日の活動の感想を言い合ってください。全員が話すようにしましょう。聞く人はどうやって聞けばよかったかな？
- ●そう。相手が聞いてもらって嬉しいと思うような聞き方をしてください。
  ☆「うん，うんと聞かれると嬉しい」「○○君の聞き方が気持ちよかった」
- ●いまグループで話し合ったことを，みんなにも紹介してくれませんか。

- ●全部のグループが賞賛されるよう，教師が補足する。
- ●出た数だけでなく，内容もほめる。

- ●振り返りの視点を示す。振り返りシートを作り，個々に振り返らせてから発表させてもよい。
- ●「うなずいて聞く」など，このころになれば，自分たちで確認できるようになる。何度も聞き方を確認することで，般化させる。

99

途中経過の様子（10月）

　エクササイズを2週間に1回の割合で実施してきました。子どもたちの取り組む姿勢はよかったと思います。最近では，「〜については○○君が得意だよ」などという会話がみられます。子どもたちがお互いのよさに目を向けており，エクササイズの効果があったと思っています。

　児童は学級行事にも意欲的に取り組んできました。以前は特定の子どもが中心でしたが，いろいろな子どもがその場面でリーダー的存在になっています。表情も以前よりも明るくなったと思います。子どもがお互いのよさを認め合っているので，私の当初の目標に近づきつつあると感じています。

　アンケートを用いて，私のリーダーシップスタイルを聞きました。「児童と一緒に活動するところがいい」と評価してくれた児童が多かったです。

　今後も，このよい雰囲気を継続して，個々の児童が意見を述べ合い，建設的な話し合いができる学級にしたいと考えています。

学級満足度分布（10月）

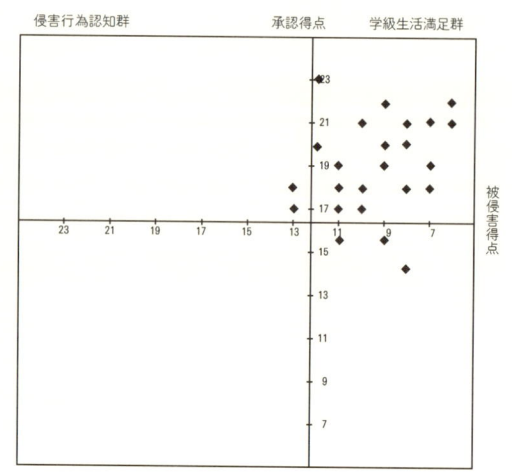

スキル得点グラフ（配慮のスキル） 67.9

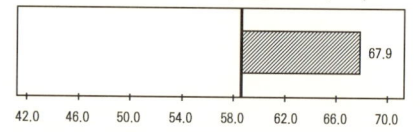

スキル得点グラフ（かかわりのスキル） 43.3

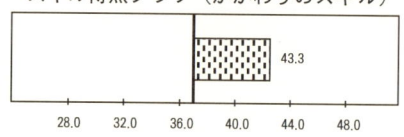

※　棒グラフの始点は平均値を表します。

アセスメント

- 学級生活の満足感が非常に高くなっていると思われます。このような学級で過ごす児童は，学校や学級を楽しいところ，安心してすごせるところと感じていると思います。
- 児童がお互いにいいところを認め合っているので，他人に認められているという喜びがあると思います。
- スキル得点が上昇しています。エクササイズの効果があったと考えられます。
- 児童は高度のソーシャルスキルを身につけています。スキル行動を消失しないように，日常生活にも般化させていくことが大切です。

介入②

目的地②

一人一人の児童が、友達に配慮しながら自分の意見を主張しあえる学級にします。

ターゲットスキル

- 反省的態度（相手に迷惑がかからないようにする）
- 感情表出（嬉しい気持ちを態度で示す）
- 自己主張（自分の意見を言う。自分の考えで行動する）

方法

相手のいいところを言葉で表現します。また、友達から見つけてもらったいいところを参考にして、自分からみた自分のいいところを友達に話します。

●エクササイズ１〔いいとこ席〕

ポイント

①インストラクションでは、「自分の考えや感じたことは表現の仕方によっては、相手にうまく伝わらないことがあります。どのように伝えると相手に誤解されないで伝わるでしょうか」などと話して、相手に伝わるように話すことの大切さに気づかせて、活動の意欲を高めます。

②最近の行事で、係が同じになった４～５人のグループで行います。

③話し方のモデルを提示します。たとえば「私は○○さんと一緒の係をして、○○さんは～なところがすごいと思っています。なぜならば、～だからです。これからもがんばってほしいと思います。以上です」などです。

④前の人と同じ意見のときも、「前の○○さんの意見と同じです」と言わず、同じ内容をもう一度繰り返して話すことを指示します。

⑤メンバー全員が言い終わったら、いいとこ席の児童はいいところを言われた感想をメンバーに話します。話し方は、必ず最後に「ありがとうございました」と言うように指示します。

⑥教師は、人気のない児童がいるグループに入って、一緒にエクササイズを行い、全員のいいところが言われるように援助します。

⑦シェアリングは、いいところを話してもらった感想と、どんな話し方で言ってもらうと嬉しいかを話し合います。

●エクササイズ２〔さいころトーキング〕

※指導例は56ページ参照

ポイント

①インストラクションでは、「今日は、自分のことを相手に紹介する活動をします。話し方も大切ですが、聞く人が相手に配慮して話しやすい雰囲気をつくることも大切です。ですから、どのような態度で話したり聞いたりするとよいのか、みんなで考えてみましょう」などと話して、エクササイズへの意欲をもたせるようにします。

②「ちょっと自慢できること」「私の得意なこと」などの自己開示的な内容の項目を入れた「トークカード」を用意します。

③「みなさんは、自分の話を背を向けて聞かれるのと、正面を向いて聞かれるのとではどちらが聞いてもらえたという感じがしますか。自分が聞いてもらえていると感じるのと同じ聞き方をしてみましょう。その後、話した人からどんな感じだったかを話してもらいましょう」とエクサ

サイズを説明します。
④トークが終わったあとに、メンバーが拍手したり、素直に感想を述べたりすることを指示します。また、「それはちょっと自慢できるね」「それはたしかにすごいね」とプラスの評価をすることを指示します。
⑤メンバーのトークがすべて終了したあとに、メンバーのトーク内容に、質問して交流を深めるフリートークの時間を設定します。
⑥教師もエクササイズに参加して、児童と一緒になって楽しみます。
⑦グループのリーダーがメンバーのトーク内容を紹介します。そのとき、紹介される人は起立します。紹介が終わったら、紹介された人はリーダーに「ありがとう」とお礼を述べます。また、ほかのグループは拍手をします。
⑧シェアリングはグループ内で行い、級友のトーク内容について素直な感想を述べ合うようにします。

転移

①児童の話し方を文章完成法にして、模造紙に書いて掲示します。
②国語の授業で「どんな話し方、聞き方がいいか」という話し合いをして、わかったことを模造紙に書いて掲示します。話す姿勢や聞く姿勢については、児童が絵を書いて表すと楽しい感じになります。
③帰りの会で、自由なテーマについて、順番で1分間スピーチを行います。
④授業で意見や感想を発表する機会をつくり、児童が話し合いをして、発表する態度と聞く態度を身につけさせます。
⑤学級行事の計画から反省までを、児童が自分たちで話し合って行うようにします。

教師のリーダーシップ

①教師は、児童の発言に対して、ほかの児童が意見を述べるように指導します。つまり、児童が級友から学習できるように教示します。
②教師は、児童に活動する内容を説明するだけでなく、なぜそのような活動をするのかという意味について教示します。

第4章 学級育成プログラムの6事例

| エクササイズ① | いいとこ席 |

インストラクション

教師の教示＝● 子どもの反応・行動＝☆

● 私は，先生になりたてのころ，ふざけてばかりの男子がまじめに勉強に取り組んでいたので，「男子はがんばったね」と言ったことがあります。でも女子からすると「女子は毎日まじめにやっているのに，なぜたまにまじめにやる男子がほめられるの？」という気持ちになってしまったんです。先生は，女子はなんでもがんばることを知っているから，言わなくてもわかってくれるだろうと思っていたんです。そのとき，伝えたい気持ちは，伝える努力をしないと相手にきちんと伝わらないんだなと思いました。
● 今日は，伝えたい気持ちを相手に伝える活動をしてみます。みんなは「いいとこ四面鏡」のときに，学級の友達のいいところを伝え合う活動をしました。先生はみんなは友達のいいところを見つけるのが上手だなあと思います。今度は，いいところを上手に伝えることに気をつけましょうね。
● 今日は，この間の学習発表会のときのグループで集まってください。
● リーダーはシートを取りに来てください。

エクササイズ

● では，四面鏡のときのように，一人一人のいいところを考えてください。10分，時間をとります。それぞれシートに書きましょう。いいところが思いつかない人は，例をシートに載せていますので参考にしてください。
● 書きましたか。では，各グループごといすを一つ用意して，いいとこ席をつくります。今回は家が学校から遠い人から順に席に座りましょう。
● 席に座っている人のいいところをグループの一人一人が伝え合います。伝え方は「私は，○○さんは〜なところがすごいと思います。なぜならば〜だからです。以上です」と言います。いいとこ席シートを見ながらでもいいです。
● 前の人と同じことをいいところにあげていた，という場合にも，「同じです」とは言わずに，自分の言葉で伝えましょう。
● いいとこ席に座っている人はみんなにいいところを言ってもらったら「ありがとうございました」と最後に言いましょう。では，始めてください。
　☆「○○さんは励ましてくれるところがすごいと思います。係の仕事で私が失敗したとき，『もう一度やれば大丈夫』と言って手伝ってくれたからです。以上です」

シェアリング

● では，最後に「いいところを話してもらって感じたことと，どんな話し方で言ってもらうと嬉しいか」についてグループで話し合ってみましょう。**全員で一つの大きな輪になって座ってください。**今日の活動を通してみんなに伝えたいことがある人はいませんか？
　☆「いいところを言われると嬉しいので，私も人に伝えていきたいです」
● いま，みんなに伝えてくれた○○さんから，順番に指名して感想を言いましょう。では，○○さん，だれか聞いてみたい人に，「□□さんはどう思っていますか。**教えてください**」というふうに話してみましょう。
● 友達に対していいなあという気持ちは，これからも伝えていきましょう。

留意点

● 「いいとこ四面鏡」でいいところを発見する視点が身についてきたので，今度はそれを伝えようとする意欲の喚起と，伝え方の練習をする。
● 教師も正直な自己開示をする。

● 何かの活動を一緒に行ったメンバーで行うと深まりがある。

● この学級では6〜8人でも活動可能だが，発表の時間を1人ずつとっているので，4〜5人ずつのグルーピングで行う。
● 最初の人は教師が決め，児童がすぐ活動に取り組めるようにする。
● 言い方，伝え方の教示をする。教師がモデルを示す。
● 児童がよくわかるように黒板に言い方や例をはっておく。
● いいところを言われない児童がいないように確認する。

● 最初にグループで話し合いをする。
● 全体でシェアリングをし，気持ちを開示しあう。

いいとこ席シート

◇**いいところの例**

・だれにでもやさしい　・責任感がある　・進んで練習をしている　・雰囲気をもりあげる　・励ましてくれる　・あきらめないで最後までやる　・仕事をもくもくとやる　・判断力がある　・意見を言える　・声をかけてくれる　・信頼してくれる　・話を聞いてくれる　・自信をもっている　・協力してくれる　・意志が強い　・助けてくれる　・よく気がつく　・勉強を教えてくれる　・だれにでも公平　・人の気持ちを考える　・いつもおだやか

【例】（　　）さん・君のいいところ
いろいろなアイデアを出すところ
なぜならば
何をしたらよいかわからないときに，『こうしてみよう』と言ってくれるから

（　　）さん・君のいいところ
なぜならば

（　　）さん・君のいいところ
なぜならば

（　　）さん・君のいいところ
なぜならば

（　　）さん・君のいいところ
なぜならば

（　　）さん・君のいいところ
なぜならば

第4章 学級育成プログラムの6事例

結果の様子（2月）

　学級会では，ある子が発表すると，ほかの子は静かに聞き，納得できるところではうなずいている様子が見られます。友達の意見を聞くという習慣が身についてきたと同時に，自分の意見を発表することができるようになりました。意見の内容も友達の意見に単に反対するのではなく，いいところを認めたうえで，自分の考えを述べているので，話し合いで決まったことは，みんなある程度納得して，決定結果に従っています。10月に立てた学級目標に近づいたと思います。

　今年の学級は，1年を通して活気があり，児童は自主的に行事に取り組み，行事を終えるごとに児童間の交流が深まったと思います。また，嬉しいといった自分の感情を友達にうまく伝えるなどの高度なソーシャルスキルも習得したと思います。

　私自身，エクササイズでリーダーを務めることで，学級行事などに参加するだけでなく，児童のとるべき行動などについては，きちんと指示を与えていくことの大切さを知りました。

　いまのいい雰囲気を来年につなげて，子どもたちにさらに成長してほしいと思っています。

学級満足度分布（2月）

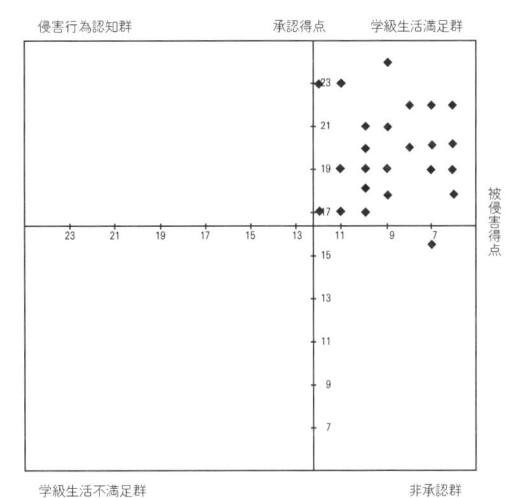

スキル得点グラフ（配慮のスキル）　68.2

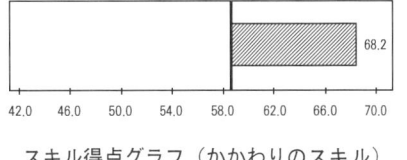

スキル得点グラフ（かかわりのスキル）　46.4

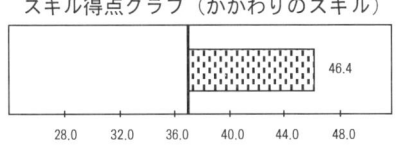

※　棒グラフの始点は平均値を表します。

アセスメント

- ●ほとんどの児童が学級生活満足群にいます。また，満足群以外の群の児童も学級生活満足群に近いところにいます。10月からさらに児童同士の交流が進み，お互いを認め合うことで学級が居心地のよいところになっていると考えられます。
- ●学習活動や学校行事がとても楽しいものとなっており，学級生活を積極的に送る意欲が十分にあると考えられます。
- ●〈配慮のスキル〉と〈かかわりのスキル〉も高く，バランスもよいと考えられます。

2 男女が対立するギスギスしたクラス

(学年：4年生，介入：9月〜3月)

目的地① 児童がお互いのことを理解しあえる学級をめざす
目的地② 学級への所属感を高める

実践の概要

■担任教師の様子

B先生（女性）は，教員になって5年目になります。3年生からのもち上がりで4年生を受けもっています。明るく4年生らしい学級をめざして，快活で運動好きな男子とコミュニケーションをとり，男子グループを中心に学級経営を行ってきました。学級には活気があり，楽しい雰囲気がつくられていると感じていました。

しかし，2学期が始まったころから，男子と女子がいがみあうようになり，B先生が事情を聞いても，女子はあまり話をしてくれなかったそうです。児童同士がギスギスした雰囲気で，この状況をなんとかしたいと考えていました。

コンサルテーションによって，B先生は，学級の一部の児童に焦点を当てて学級経営をしていたことに気づき，学級不適応を起こしている児童にもかかわりをもちながら，児童を理解する視点を増やしていきました。行事では，活躍するグループが偏らないよう配慮し，また，互いの認め合いを行う活動を取り入れることで，学級は急速に落ち着きを取り戻し，互いの認め合いのできる落ち着いた雰囲気のなかで，子どもたちを進級させることができました。

■学級の様子

4年生になって，体力面や学力面で個人差が大きくなり，遊びの興味をもとにグループができ始めました。快活で運動好きな数人の男子のグループ，あまり外で遊ばず，教室の中ですごしているグループなどです。学級のリーダーグループの男子とそれに何かと逆らう女子のグループが対立し，トラブルが絶えず，学級で決めた行事もうまく進められない状況になってしまいました。

介入前の調査でも，〈配慮のスキル〉〈かかわりのスキル〉ともに低い状態で，学級内に小グループが乱立し，学級としてのまとまりがなくなっていることが読み取れました。

コンサルテーション後，互いのいいところを認め合うエクササイズや学習発表会などの活動を通し，友達同士の認め合いがみられるようになりました。

B先生がグループに偏らない援助と工夫を行うようになったことも相まって，男子と対立していた女子の顔にも笑顔が見られるようになり，徐々にあたたかい雰囲気がつくられるようになってきました。

友達の気持ちを配慮した行動がとれるようになり，学級が解散するときには，だれもが「この学級でよかった」と感じることができたようです。

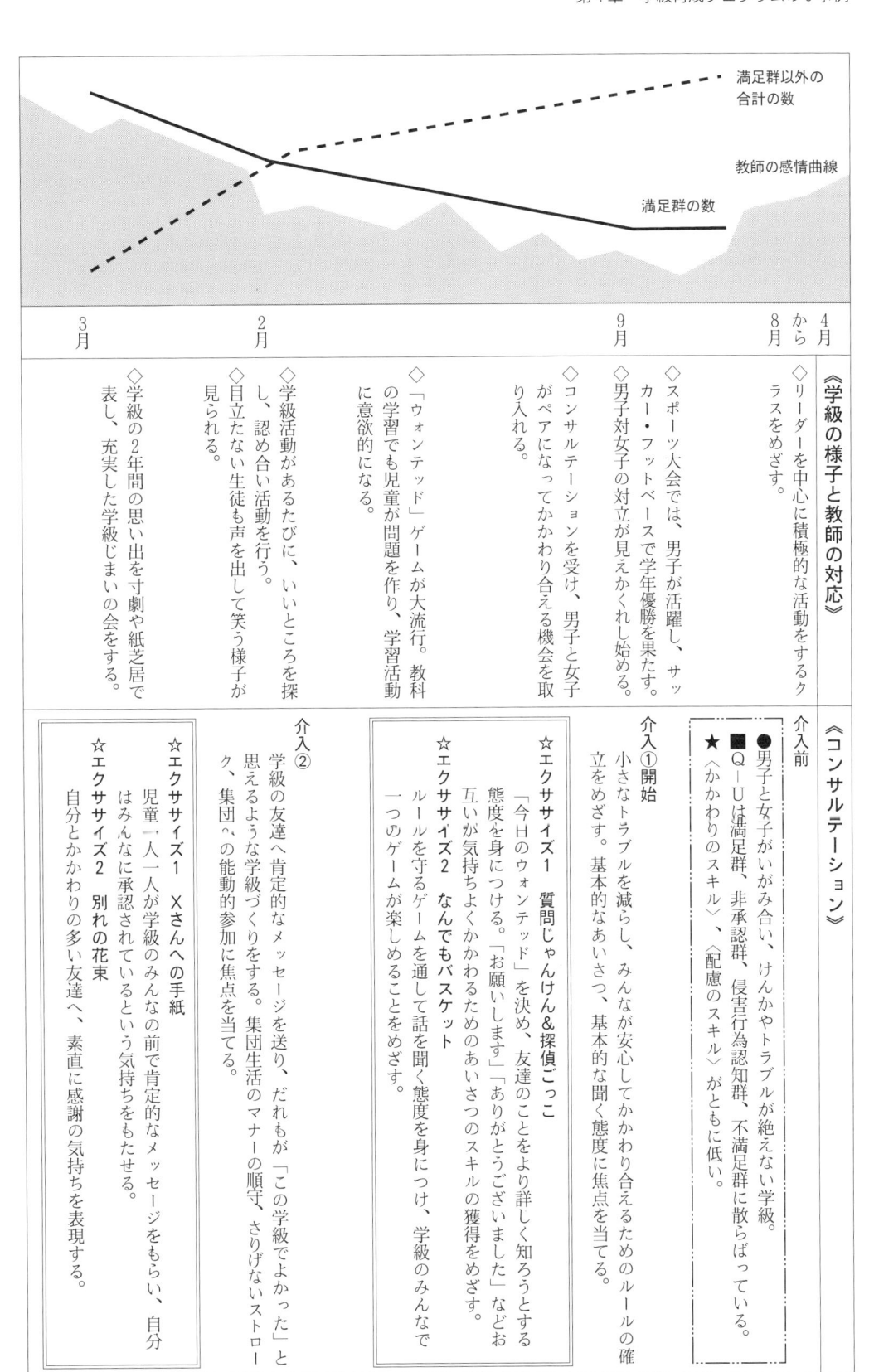

第4章　学級育成プログラムの6事例

グラフ凡例：
- 満足群以外の合計の数（破線）
- 教師の感情曲線
- 満足群の数

時期（右から左）：4月から8月／9月／2月／3月

《学級の様子と教師の対応》

◇リーダーを中心に積極的な活動をするクラスをめざす。

◇コンサルテーションを受け、男子と女子がペアになってかかわり合える機会を取り入れる。

◇男子対女子の対立が見えかくれし始める。

◇スポーツ大会では、男子が活躍し、サッカー・フットベースで学年優勝を果たす。

◇「ウォンテッド」ゲームが大流行。教科の学習でも児童が問題を作り、学習活動に意欲的になる。

◇学級活動があるたびに、いいところを探し、認め合い活動を行う。

◇目立たない生徒も声を出して笑う様子が見られる。

◇学級の2年間の思い出を寸劇や紙芝居で表し、充実した学級じまいの会をする。

《コンサルテーション》

介入前
●男子と女子がいがみ合い、けんかやトラブルが絶えない学級。
■Q-U は満足群、非承認群、侵害行為認知群、不満足群に散らばっている。
★〈かかわりのスキル〉、〈配慮のスキル〉がともに低い。

介入①開始
小さなトラブルを減らし、みんなが安心してかかわり合うための立をめざす。基本的なあいさつ、基本的な聞く態度に焦点を当てる。

☆エクササイズ1　質問じゃんけん＆探偵ごっこ
「今日のウォンテッド」を決め、友達のことをより詳しく知ろうとする態度を身につける。「お願いします」「ありがとうございました」などおたがいが気持ちよくかかわるためのあいさつのスキルの獲得をめざす。

☆エクササイズ2　なんでもバスケット
ルールを守るゲームを通して話を聞く態度を身につけ、学級のみんなで一つのゲームが楽しめることをめざす。

介入②
学級の友達へ肯定的なメッセージが思えるような学級づくりをする。集団生活のマナーの順守、さりげないストローク、集団への能動的参加に焦点を当てる。

☆エクササイズ1　Xさんへの手紙
児童一人一人が学級のみんなの前で肯定的なメッセージをもらい、自分はみんなに承認されているという気持ちをもたせる。

☆エクササイズ2　別れの花束
自分とかかわりの多い友達へ、素直に感謝の気持ちを表現する。

107

介入前の様子（9月）

快活で運動好きな5人の男子のグループが学級のリーダーになっています。学級の行事を決めるときにも，発想豊かな意見を出し，学級の雰囲気を盛り上げてくれています。

しかし，その男子に反抗するように女子の力の強いリーダーグループがあり，学級の雰囲気を悪くしています。その女子のリーダーグループに静かな女子も従い，学級は男女がはっきりと別れたような状態になっています。

女子には，私も話しかけてみますが，つっけんどんな言葉が返ってくるくらいで，彼女たちが何を考えているのかよくわかりません。学級がギスギスしているように感じます。

この状態を打破して，男女が協力してあたたかい関係を築けるようにしたいと思っています。

学級満足度分布（9月）

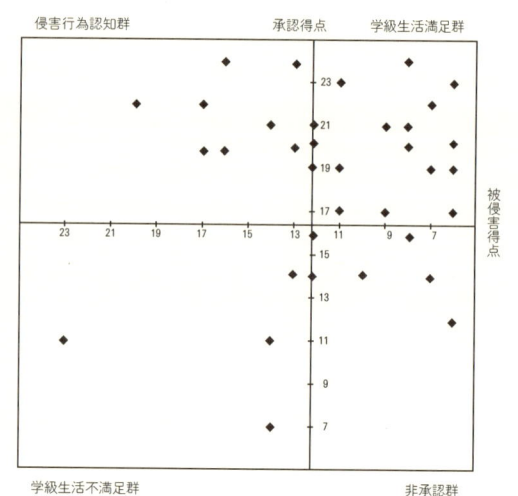

（侵害行為認知群／承認得点／学級生活満足群／被侵害得点／学級生活不満足群／非承認群）

スキル得点グラフ（配慮のスキル）
53.2

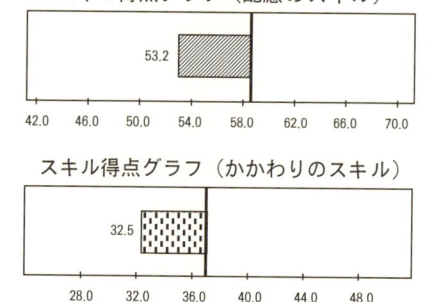

スキル得点グラフ（かかわりのスキル）
32.5

※ 棒グラフの始点は平均値を表します。

アセスメント

- 学級の分布が拡散しています。学級に小グループが乱立し，それぞれのグループが対立し，まとまりがなくなっていることが考えられます。さらにグループ間には階層があり，満足群にいる男子のグループや，侵害行為認知群と学級生活不満足群にいる女子のグループのように力の強いグループが，学級の雰囲気をリードしていると思われます。
- 各群の児童の特徴や，それぞれの児童への接し方を振り返ることにより，指導の偏りがないか知ることができると思われます。
- グループ同士の対立が原因で，互いにかかわり合おうという気持ちが薄れているのではないでしょうか。それに伴って友達の話を最後まで積極的に聞こうとしたり，あいさつをかわしたりする〈配慮のスキル〉も低下していると考えられます。

介入①

目的地①

児童がお互いのことを理解しあえる学級をめざします。

ターゲットスキル

- 基本的なあいさつ（何かをしてもらったときに「ありがとう」と言う）
- 基本的な聞く態度（友達が話しているときは最後まで聞く）

方法

児童同士がポジティヴな感情を交流しあえるエクササイズを行います。

●エクササイズ1〔質問じゃんけん&探偵ごっこ〕

ポイント

① 「みなさんはこの学級の友達のことをどのくらい知っていますか？ どんな食べ物が好きで、どんなペットを飼っているのか、何が得意なのか。友達のことをいまよりもっと知ることができると、いまよりもっと仲よくなれると思います」などと、友達を知ることの大切さを話して、インストラクションをします。

② あらかじめ「好きな食べ物」「好きなアニメ」「将来なりたいもの」など、アンケートをとっておき、それをもとに「今日のウォンテッド」を教師が6人分程度作成しておきます。男女のバランスを考え、偏らないようにします。

③ 当然、自分のことはわかるので、質問されたことにだけ答えることをルールにします。

④ 学級を2つに分けて、同心円に二重になり、いすに座ります。初めは男子が内側、女子が外側になるようにし、男女で質問しあうように構成します。

⑤ あいさつのスキルを意識して、2人組になったら、「お願いします」、終わったときに「ありがとうございました」と言う約束をします。男女で抵抗があることが予想されるので、いっせいに行うとよいでしょう。

⑥ じゃんけんで勝ったほうが、正面に座った友達に質問することができます。

⑦ 相手によって抵抗の大きさが違うことが予想されるので、時間を30秒程度にとどめ、教師の「始め」「終わりです」の合図でスピーディーに行うようにします。内側の児童が時計回りに動いていきます。

⑧ 一周したら終了です。シートに「今日のウォンテッド」を書き込みます。

⑨ 全員で「今日のウォンテッドさんは、だれですか」と声をそろえて言うのを合図に、「今日のウォンテッド」になった児童が返事をして立ちます。

⑩ 見事当てた児童には、名探偵カードを渡します。

⑪ シェアリングは、短時間でできるように、空欄を埋めるだけの簡単なシートを用意します。「質問をしなくてもわかっていた人」「初めて知ったことで感心したこと」や、「～したことが楽しかったです」「～してもらって嬉しかったです」というポジティブな感情などを簡単に書き入れるようにします。

●エクササイズ2〔なんでもバスケット〕

※指導例は47ページ参照

ポイント

① うまく言い出せない児童のために、条件を書いたカードを用意します。初めは全

員がそのカードを用いて行います。カードに書く内容は，「髪の毛の長い人」「半そでを着ている人」など目に見えて，簡単に判断できるものにします。慣れてきたら，テーマを目に見えないこと（好みや興味のあること）などに深めていくといいでしょう。

②条件を言う回数は1回に限定し，しっかり聞くスキル，一度で全員がわかるような大きな声で言うスキルを意識して訓練します。

③シェアリングは，いすを中心に近づけて全員で行います。まず「なんでもバスケットをして，嬉しかったことは何ですか」と問いかけます。そして，「みんなが自分の言葉で動いてくれて嬉しかった」という意見が出たら，それはみんながしっかりルールを守ったからだということに気づかせます。また，教師も，みんなが動きにくいところで，正直に動いて嬉しかったことなどを自己開示します。

転移

①特定の児童同士へのあいさつだけではなく，だれにでも気持ちのよいあいさつができるように訓練します。具体的には，朝や帰りのあいさつを20人以上の友達に言う取組みを行います。

②学習発表会などの文化的な行事を実行委員会形式で行います。教師も実行委員会の話し合いに参加し，男子と女子のそれぞれの考えのよさを両方取り入れ，男子と女子の意見の調整をします。

③授業においても，探偵ごっこを応用します。国語で習った新しい言葉，社会での地域学習で習ったことを「ウォンテッド」にして，教師がヒントを一つずつ与えて探偵ごっこをしていきます。たとえば，

(1)この地域は用水路が入り組んでいます。(2)県の中央部に位置しています。(3)周りは山で囲まれています。というヒントを一つずつ与え，これを班ごとに考えさせていきます。

④名前を呼ばれたら「はい」と答えるなどの「今日のルール」を一つ学級で決め，帰りの会でルールを守ることができた友達に拍手を送ります。

教師のリーダーシップ

①児童を評価する視点が偏っていないかを自己チェックし，評価の観点を増やし，いままで評価していなかったことを取り上げてほめるなど，援助を行っていくことが大切です。

②児童が騒がしいとき，各自が何をやっていたのかを冷静に聞き，問題の大きさや各人の性格を考慮して，個別に注意するようにします。

③休み時間には，教師も児童に積極的にかかわります。その際，いつも決まったグループだけではなく，とくに学級不満足群にいる児童を巻き込んで遊んだり，雑談したりすることでリレーションを形成し，児童理解を深めます。

第4章　学級育成プログラムの6事例

エクササイズ①　　**質問じゃんけん＆探偵ごっこ**

インストラクション	留意点
教師の教示＝●　子どもの反応・行動＝☆	
●みんなは学級の友達のことをどれくらい知っていますか？　学級の友達のことをもっと知ることができたら，みんなもっと仲よくなれると思います。今日は，みんなのことをよく知るための活動をしたいと思います。	●友達を知ることの大切さを教えて，動機づけをする。
●まず，**男女各一列になって並んでください**。そうしたら，男子が内側，女子が外側になって，大きい一つの輪になってみましょう。	
●今日は，この前書いてもらった「わたし・ぼくってこんな人シート」を使って，探偵ゲームをしようと思います。男女各3人ずつの「今日のウォンテッドさん」を決めました。みんなはそのウォンテッドさんがだれなのか当ててください。**男子は女子を，女子は男子を当てるんですよ**。	●前もって書いてもらっておくシートには，個性が出るような質問も入れる。

エクササイズ

●いま向かい合っている人とじゃんけんをします。勝った人は手をあげて。1回勝つと相手に一つだけ質問することができます。質問する人は，「今日のウォンテッドさん」を探し当てるための質問をします。わかりましたか。では，「今日のウォンテッドさん」を探し出すための，3つのヒントを教えます。一つめは，好きな食べ物，二つめは，いまいちばんほしいもの，三つめは将来の夢です。この3つを相手に質問して，「今日のウォンテッドさん」を探し出すための情報を集めてください。	●ペアになれない児童が出ないように，調節をする。 ●ヒントにする内容は，前もってとっておいたアンケートから選ぶ。内容と数は，児童のレベルに合わせて変化させる。
●先生が「始め」と言ったらお互いに「よろしくお願いします」と言って始めて，「終わりです」といったら，「ありがとうございました」と言いましょうね。終わったら，内側の男子は一つ右にずれて，向かい合った人と質問をしあいます。聞いた内容はほかの人に話さないでください。時間は30秒です。さっき勝った人から相手に質問をしてください。では，始め。	
☆いっせいに児童がじゃんけんをし，質問しあう。（一周するまで続ける）	
●終わりです。たくさん情報を集められましたか。では，「今日のウォンテッドさん」の回答を発表します。情報をもとに考えながら聞いてくださいね。だれのことかわかった人も言わないでください。一人目のウォンテッドさんの好きな食べ物はハンバーグです。いちばんほしいものは，ゲームのソフトです。将来の夢は，大リーグの選手です（6人続ける）。	
●さあ，だれのことかわかりましたか。わかった人は黙って手をあげて。	
●それでは，いまから名探偵シートを渡すので，自分が推理した「今日のウォンテッドさん」を書いてみましょう。	
●はい，書き終わったかな。自信がある人，手をあげみんなに教えてくれますか。（何人かに聞く）あってるかな？　ではみんなで「今日のウォンテッドさんはだれですか」と聞いてみましょう。「今日のウォンテッド」の人は「はい」と返事をしていっせいに立ってください。せーの，	
☆「今日のウォンテッドさんはだれですか」。「はい」と言って6人が立つ。	
●みんな，当たりましたか？　3人全員当てられた人，立ってください。	
●すごい！　みんなで拍手。みんなは名探偵ですね。この**名探偵カード**をあげましょう（カードを配る）。では，残念ながら間違えてしまった人，手をあげて。（間違ってもがんばったことを賞賛し，みんなで拍手を送る。）	●もし，わかった人が少ない場合は，スペシャルヒントとして，アンケートからいくつかヒントを与える。

シェアリング

●では，「探偵シート」に今日の感想を書いてみましょう。

わたし・ぼくってこんな人

じぶんのなまえ _____

好きな食べ物	
とくいなこと	
好きな教科	
好きな給食	
好きな言葉	
好きなテレビ番組	
行ってみたい国	
しゅみ	
いまいちばんほしいもの	
しょうらいのゆめ	
自分の性格を一言で言うと	

めいたんていシート
〜何人さがしだせるかな〜

わたし・ぼくの推理によると……

なまえ _____

今日のウォンテッドさん①	
今日のウォンテッドさん②	
今日のウォンテッドさん③	

今日の感想

☆たのしかったこと

☆うれしかったこと

☆はじめて知って感心したこと

☆今日のかんそう（なんでもいいよ）

途中経過の様子（2月）

　学習発表会では、実行委員会を男女のバランスやグループが偏らないように配慮してつくりました。男子のリーダーと女子のリーダーも実行委員会に選ばれ、それぞれの考えを尊重して進めたところ、お互いを認め合いながら、児童が満足できる構成劇が出来上がりました。学習発表会の成功を祝して、学級で成功パーティーを開き、子どもたちに人気のある探偵ごっこをして楽しみました。これまで、行事を決めるときには、男子の考えをもとに進めていたところが多かったのですが、女子にも、提案をする際に考えを出してもらい進めました。男女のギスギスした対立がなくなり、女子も表情が明るくなってきました。

　全体的に批判的な雰囲気から、あたたかい雰囲気になってきましたが、学級でゲームをするときや、授業中に消極的な児童がおり、休み時間にもぽつんとしている姿を見かけます。あと1カ月でこの学級も解散となるので、だれもが「この学級でよかった」と思えるような、だれもが認められる学級にしたいと感じています。

学級満足度分布（2月）

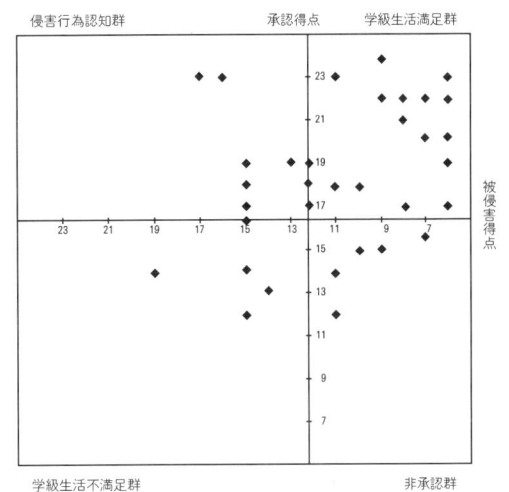

スキル得点グラフ（配慮のスキル）　59.3

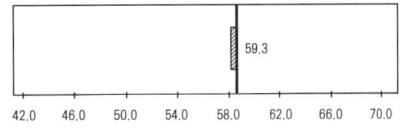

スキル得点グラフ（かかわりのスキル）　37.7

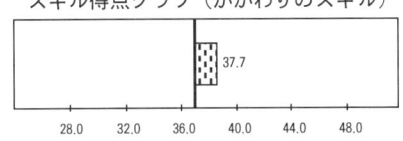

※　棒グラフの始点は平均値を表します。

アセスメント

- 学級の階層化が是正され全体的に承認得点が上がっています。同時に被侵害得点も低くなり、学級に対する満足感が高まっているようです。
- 男子中心に動いていた学級が、教師の援助と工夫により、女子のよさを認めながら学級経営を行ったことで、男女の対立がなくなったのだと考えられます。
- 全体的に前進的なトーンになっていますが、非承認群や学級生活不満足群にいる数人の児童が、積極的に友達にかかわることができないでいるので、彼らのよさを認め合い、学級での存在感を高めていく必要があると思われます。友達を傷つけないように話をすることや、じっくりと話を聞き合うことなどの〈配慮のスキル〉をさらに高めていくことが大切だと思われます。

介入②

目的地②
学級への所属感を高めます。

ターゲットスキル
- 集団生活のマナーの順守（みんなで決めたことを守ろうとする）
- さりげないストローク（友達が何かうまくいったときに「上手だね」とほめる）
- 集団への能動的な参加（みんなのためになることは、自分で見つけて実行する）

方法
児童同士がお互いのよさを認め合えるエクササイズを行います。

●エクササイズ1 〔Xさんからの手紙〕
ポイント

①「最近、男女の仲がとてもよくなって、嬉しいです。それは、お互いのよさを感じるようになったからではないでしょうか」などと、学級の雰囲気がよくなってきたことを話します。さらに、「あの人は感じがいいなあ。とか、とってもやさしいなあっていうなんとなく感じている思いを、手紙に書いて友達に贈りましょう。ちょっとはずかしいことも正直に書けるように、自分の名前は書かないことにします。だから、友達のよいところを正直に伝えてください。一人一人がXさんになって、手紙を書くのです」と友達にポジティヴなストロークを与えることを説明します。

②非承認群や学級生活不満足群の児童のいい面を見つけられるように「だれでも明らかにわかる友達のよさを見つけるのは簡単です。見過ごしてしまいそうなことのなかに友達のよさを発見できることはすばらしいと思います。たとえば、いつもは友達にけっこうきついことを言っている人が、なにげなく花の水を取り替えているのを先生は見たことがありますよ」などとほめる視点を与え、いつも活躍している児童に手紙が偏らないように配慮します。

③「手紙は、同じ班の人や同じクラブの人には必ず書きましょう」と条件をつけて、できるだけ多くの友達のよさを発見できるようにします。

④何人から手紙をもらったかという評価だけではなく、何人の友達に手紙を書くことができたかということを大切にし、たくさんの友達のよさを発見できた児童を評価します。

⑤したがって、シェアリングは、手紙をもらって嬉しかった気持ちと、友達のよさをたくさん発見した気持ちの両方について、振り返りカードに書かせます。振り返りカードは、教師が朝の会に少しずつ読んで聞かせます。一日の初めに読み聞かせることで、明るく気持ちのよいスタートをきることができます。

●エクササイズ2 〔別れの花束〕
※指導例は『エンカウンターで学級が変わるパート1 小学校編』（図書文化）参照

ポイント

①「もう少しでこの学級も解散となります。学級の雰囲気がとってもよくなってきて、お別れするのはさびしいです。そこで、この学級の思い出として、今日は友達に対して感謝したいこと、嬉しかったことや励ましの言葉を花束にして贈りましょ

う」としっとりとインストラクションを行います。
②隣の席の人，同じ班の人，同じ係の人，その他の順でメッセージを書いてはっていくようにし，メッセージの数が偏らないように配慮します。
③メッセージを書いているときには，この1年で，子どもたちが朝の会で歌った歌の中で，静かな歌を流しておきます。
④メッセージを書くとき，はるときは，無言で行います。はるとき，はってもらったときは目であいさつをします。
⑤大体の児童の花束がいっぱいになったら，いっせいに，自分へのメッセージを読む時間をたっぷりとります。
⑥シェアリングは，いすを三重円にして，書いてもらって，気づいたこと，嬉しかったことを中心に全員の前で発表します。
⑦素直な感情表出ができるように，シェアリングに対して拍手は行わないほうがいいでしょう。
⑧最後に，全員で握手をして終わりにします。

転移

①帰りの会に「今日のちょっといいところ」というコーナーをつくり，目立たず，ほとんどの級友は気づかないような友達のよいところを発見して，発表しあいます。これにより，授業中に活躍できなくても，消極的な児童への認め合いができると思います。
②学級の児童が，それぞれ興味のある教科ごとに集まり，教科サークルをつくり，学年末の学習のまとめを自主的に行います。非承認群や学級生活不満足群にいる児童も積極的に参加できるように，「資料集め係」「先生にアドバイスをもらう係」「テストを作る係」「テストのイラストを描く係」など，さまざまな役割をつくらせます。
③学級じまいの会を行い，2年間の思い出を寸劇や紙芝居に表して，友達が活躍したことを表現します。

教師のリーダーシップ

①児童主体の活動を教師が援助します。児童のそれぞれのよさを生かして，分野によってリーダーをかえるようにします。たくさんの児童に活躍させることがねらいです。教師が前面に立たず，児童を立てるようにするのです。そのためには，教師が一人でやる以上に指導が必要になりますが，児童が積極的に学級のみんなのためにがんばろうという意欲を大切にします。
②児童が主体的に動くということは，当然失敗はつきものです。結果だけを評価せず，積極的に学級のためにやろうとしたことを評価します。

エクササイズ① Xさんからの手紙

インストラクション	留意点
教師の教示＝●子どもの反応・行動＝☆	
●最近，男女の仲がとてもよくなってきて嬉しいです。それは，みんながお互いのよさを感じるようになったからではないでしょうか。今日は学級のみんながもっと仲よくなるために，普段「あの人のこういうところがいいなあ」と思う友達のいいところを手紙に書いて贈る活動「Xさんからの手紙」をやります。宛名の部分に自分の名前は書かずに，「Xより」と書きます。一人一人がなぞのXさんです。 ●「Xさん」になることで，「友達にいいことを伝えるなんてちょっとはずかしいなあ」と思っている人でも，正直に書けるようにしました。だから，友達のよいところをそのまま伝えてあげてください。 ●書く内容は相手が元気が出るようなものがいいですね。たとえば，いつもはきつい言葉を使っている人が，花の水を取り替えているのを先生は見たことがあります。花が水をほしがっている様子に敏感になれるくらいやさしい人なんだなと思いました。こんなふうに，見過ごしてしまいそうなことを取り上げてもかまいません。小さな出来事の中で友達のよさを発見できる人はすばらしいと思います。 ●手紙は同じ班の人，同じクラブの人には必ず書きましょう。	●学級の雰囲気がよくなってきたことを取り上げ，よりよくするための活動であることを伝える。 ●手紙に書いて贈ることの意味を教える。
エクササイズ	
●用紙を配ります。言葉が見つからないときは，紙にあげた例を参考にしてください。もっと書きたい人は，用紙を配るので手をあげてね。 ●書き終わりましたね。次は，名前が書かれてある封筒を配りますので，机の上に名前が見えるように置いてください。では，友達の机の所に行って封筒に手紙を入れます。全部入れ終わったら，自分の机に戻って座ります。立って手紙を入れて自分の机に戻ってくるまで，無言で行います。音楽をかけますから音楽を聴きながら，自分の気持ちが相手に伝わるように気持ちを込めて動きましょう。 ●では，手紙を持って立ちましょう。封筒へ入れてください。先生が合図をするまで，自分の封筒はあけないで待っていてください。 ●はい，では，いまから封筒を開きますが，自分が何枚もらったかということではなく，自分はどんなところがいいところだとみんなに思われているのだろうかという視点で見てほしいと思います。また，自分が書いた手紙を読んでいるあの人は，嬉しい気持ち，元気な気持ちになっただろうかということに注目してほしいと思います。	●言葉が見つからない児童のために例を黒板や用紙にあげておくとよい。 ●ざわざわとしないよう，音楽などでムードを盛り上げる。大切な手紙であることを意識づける。 ●何枚もらったかを競争するような状態は避ける。 ●たくさんのことを発見し，それを伝えられることの大切さを教える。
シェアリング	
●読み終わりましたね。手紙をもらって嬉しい気持ちと，友達のよさを発見できた気持ちの2つについて振り返りカードに書きましょう。 ●書いてくれた内容は，朝の会のときに少しずつ紹介します。みんながお互いにもっと知り合うことができるといいなあと思います。	●朝の会で紹介することで，一日を気持ちよくスタートできるようにする。

※ワークシートは59ページ参照

結果の様子（3月）

　学級がしっとりと落ち着き，授業中に男子がたまに発するジョークに学級のみんなの明るい笑い声が響くようになりました。

　学級じまいの会では，何ごとにつけても消極的だった女子が，校内ドッジボール大会で活躍した友達の役になって寸劇をしたり，あれほど対立していた女子が，男子の授業中のジョークシリーズをまとめたりするなど，とても楽しく過ごすことができました。

　修了式の前の日に「別れの花束」を行いました。女子のほとんどが，しくしくと泣き出し，感動的なエクササイズになりました。私もほんとうにこの学級で過ごすことができてよかったと思います。いまは，2年間の担任を終えて満足感でいっぱいです。

学級満足度分布（3月）

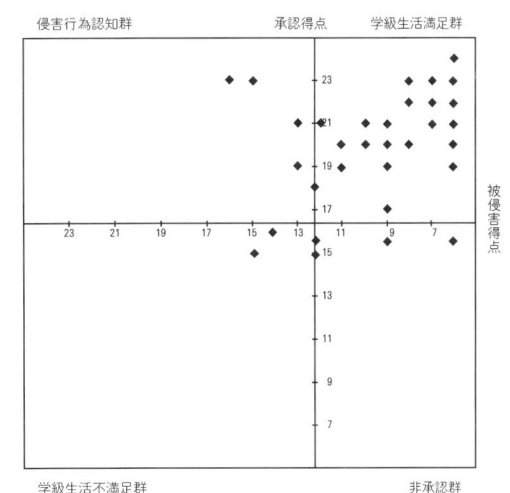

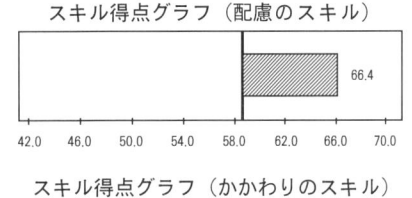

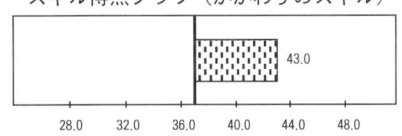

スキル得点グラフ（配慮のスキル）　66.4

スキル得点グラフ（かかわりのスキル）　43.0

※　棒グラフの始点は平均値を表します。

アセスメント

- 2月に比べて，急激に承認得点が上がり，急激に被侵害得点が下がっています。ほとんどの児童が満足群に移行しました。
- 児童同士の認め合いを継続したこと，担任の先生が日常的にプラスのフィードバックを児童に行ったことなどによって，一人一人の児童が学級の居心地がとてもいいものに感じたのではないでしょうか。
- これほど急激に学級がいい状態になるのはめずらしいことです。先生の創意工夫，児童のよさを生かした学級経営が実を結んだといえましょう。

3 ルールが定着していない騒がしいクラス

(学年：5学年，介入：7月〜1月)

目的地① 学級に基本的なルールを確立して，だれもが安心して生活できる学級をめざす
目的地② 学級生活を楽しいと思えるようにする

実践の概要

■担任の様子

C先生（31歳・女性）は，採用前は，臨時採用として小学校の専科担当を2年やったことがあります。今回，転勤があり，4月から新任地の小学校に勤めました。現在5年生の担任をしています。

C先生はどちらかというとおだやかなタイプで，たとえば，児童が騒いでいるときに叱責するのではなく，話して聞かせるような指導を信条としていたようです。C先生にお話をうかがって，児童と接することを大切にしている教師という印象をもちました。しかし，同僚の教師からは少し児童に甘い先生と受け取られている様子も見受けられました。

コンサルテーションによって，C先生は児童とのリレーションを維持しながらも，最低限のルールを守ることを指示するようになり，児童への指示も，必要なことを短く適切な言葉でパッと指示するようになりました。また，話して聞かせるだけでなく，児童と一緒にエクササイズをするようになりました。

その結果，以前よりも一人一人の児童とのリレーションも深まると同時に，これまであまりリレーションが形成できなかった児童ともリレーションがついたと判断されました。

■学級の様子

4月当初，C学級は，新学期早々から明るい雰囲気の学級で，児童はC先生に対して「やさしい先生」というイメージをもっていたようです。ある児童がリーダー格として学級をまとめようとして，そのやり方に無理があったため，ほかの児童から非難の声があがり，学級内にトラブルが発生するようになりました。しかし，C先生は児童の主体性に任せる指導スタイルをとり，その出来事にあまりかかわろうとしなかったそうです。その結果，C先生に対して不満を言う児童や，指導に従わずに傍若無人の振る舞いをする児童が増えて，授業を妨害するようになってきたということです。

C先生へコンサルテーションをして，間接的に学級に介入したことによって，学級は3カ月後にある程度落ち着きを取り戻しました。授業妨害が減り，C先生の指導にも従うようになり，また基本的なあいさつのスキルも定着しました。その後も，学級は落ち着いた状態を保ち，1月には授業中に立ち歩く子どもがなく，授業がきちんと成立するようになりました。

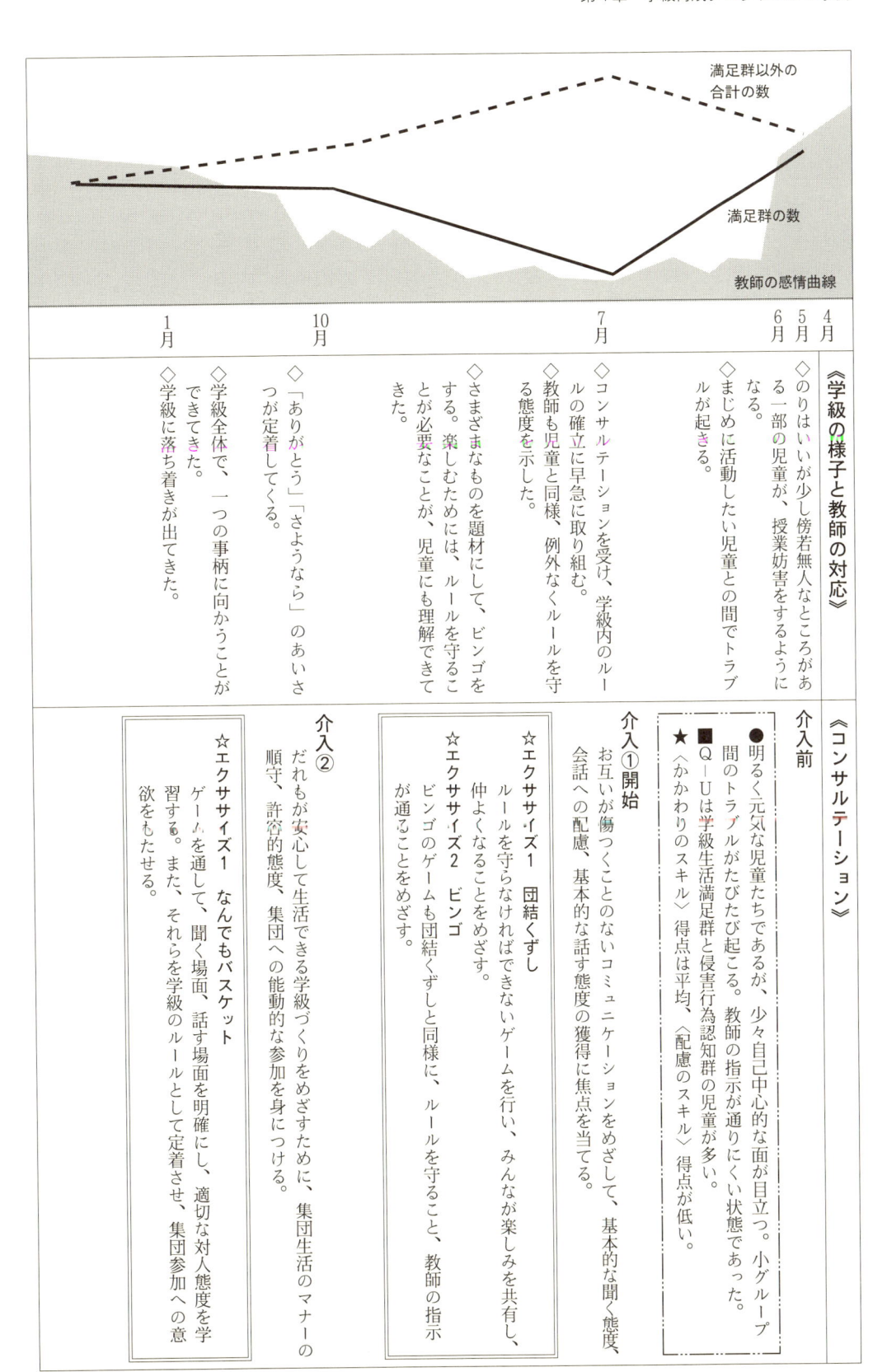

第4章 学級育成プログラムの6事例

グラフ：教師の感情曲線（横軸：4月、5月、6月、7月、10月、1月／縦軸の線：満足群以外の合計の数（点線）、満足群の数（実線））

時期	《学級の様子と教師の対応》	《コンサルテーション》
4月	◇まじめに活動したい児童との間でトラブルが起きる。	介入前 ●明るく元気な児童たちであるが、少々自己中心的な面が目立つ。教師の指示が通りにくい状態であった。小グループ間のトラブルがたびたび起こる。 ■Q-Uは学級生活満足群と侵害行為認知群の児童が多い。 ★〈かかわりのスキル〉得点は平均、〈配慮のスキル〉得点は低い。
5月	◇のりはいいが少し傍若無人なところがある一部の児童が、授業妨害をするようになる。	
6月	◇コンサルテーションを受け、学級内のルールの確立に早急に取り組む。 ◇教師も児童と同様、例外なくルールを守る態度を示した。 ◇さまざまなものを題材にして、ビンゴをする。楽しむためには、ルールを守ることが必要なことが、児童にも理解できてきた。	介入①開始 お互いが傷つくことのないコミュニケーションをめざして、基本的な聞く態度、会話への配慮、基本的な話す態度の獲得に焦点を当てる。 ☆エクササイズ1 団結くずし ルールを守らなければできないゲームを行い、みんなが楽しみを共有し、仲よくなることをめざす。 ☆エクササイズ2 ビンゴ ビンゴのゲームも団結くずしと同様に、ルールを守ること、教師の指示が通ることをめざす。
7月		
10月	◇「ありがとう」「さようなら」のあいさつが定着してくる。 ◇学級全体で、一つの事柄に向かうことができてきた。 ◇学級に落ち着きが出てきた。	介入② だれもが安心して生活できる学級づくりをめざすために、集団生活のマナーの順守、許容的態度、集団への能動的な参加を身につける。 ☆エクササイズ1 なんでもバスケット ゲームを通して、聞く場面、話す場面を明確にし、適切な対人態度を学習する。また、それらを学級のルールとして定着させ、集団参加への意欲をもたせる。
1月		

119

新学期の様子（4～6月）

　私はこの4月に転勤し，新しく5年生を担任することになりました。4年生のころ，授業が成立しない学級があり，学年の先生方で話し合いの結果，進級する際に考慮して学級替えを行うことになったそうです。

　一人一人のよさを認めて，そのよさが発揮できるような学級を目標に，いろいろな考えを聞き合うなかで自分の考えを決めることができるような学習展開を意識しています。考えを出し合うときは騒がしくてもかまわないと思って指導してきました。

　4月早々から明るく元気な児童でしたが，自己中心的な面が残っているように思いました。5月になって，ある男子児童が学級をまとめようとしましたが，その方法に無理があり，女子の児童が反発する態度を見せました。一方，休み時間に大きな声を張り上げて，教室内を駆け回る男子生徒が2名いました。うるさいのが苦手な女子児童がその男子児童を嫌っており，両者でトラブルが起こりました。6月になって，その男子児童は授業中にも立ち歩きや大きな声をあげるようになりました。

学級満足度分布（6月）

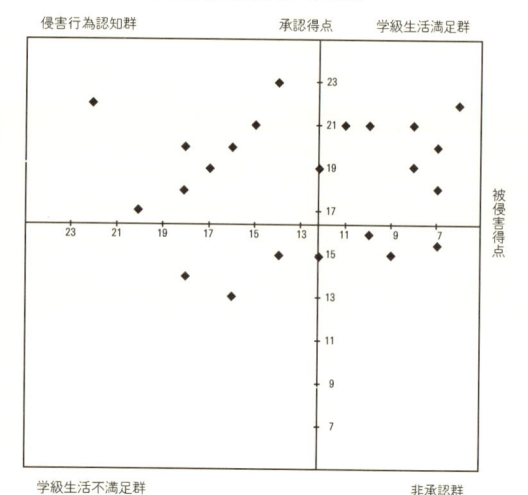

スキル得点グラフ（配慮のスキル）　52.7

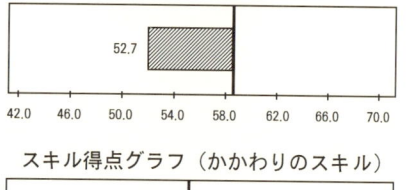

スキル得点グラフ（かかわりのスキル）　35.7

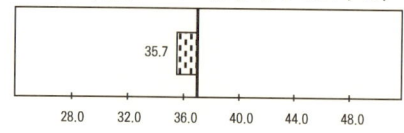

※　棒グラフの始点は平均値を表します。

アセスメント

- 学級生活満足群と侵害行為認知群に属する児童が多い学級と判断されます。
- 児童が学級生活のルールを守らないで，自分勝手な行動をとって，級友に嫌な思いをさせていると考えられます。
- 学級内に小グループがたくさんできており，グループ間でトラブルが起こっていると考えられます。
- 騒いでいる2名の児童の被侵害得点が高いので，強い不安をもっているか，侵害行為を受けているのではないかと考えられます。
- C先生の指導が不足しているのではないかと考えられます。
- 〈かかわりのスキル〉の得点は平均的なのですが，〈配慮のスキル〉の得点が低くなっています。

介入前の様子（7月）

　最近，学級内で暴力的な言葉が飛びかったり，人と接する態度が攻撃的であったりすることが多くなりました。そして，その言葉や態度にビクビクする子どももいます。男女間での口喧嘩も絶えず起こり，学級がとても騒がしく感じられます。

　授業にも，横やりを入れたり，学習内容と関係のない話題で授業をかき回す児童や，立ち歩いたり，好き勝手なことをする児童が増えてきました。また，授業が嫌だとあからさまにいう児童も出てきました。私が注意すると，そのときはやめるのですが，またすぐに同じことを繰り返します。大きな声をあげて教室を駆け回っている児童はますますその傾向が強くなっており，授業中でも教室を駆け回ることがあります。

　学習進度を最低限保っているのですが，落ち着いて学習する雰囲気がない状況で，学校生活を積極的に送ろうとしている児童からも不満が出てきました。私の指示した課題に素直に取り組む児童が少なくなり，行事などへの取り組みも悪くなりました。どのように指導したらよいかわからなくなるときがあります。

学級満足度分布（7月）

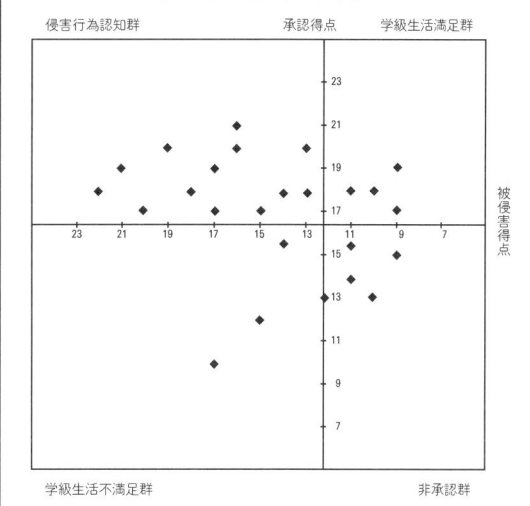

スキル得点グラフ（配慮のスキル）
50.4

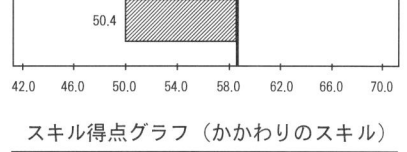

スキル得点グラフ（かかわりのスキル）
35.5

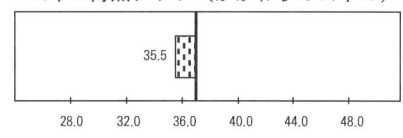

※　棒グラフの始点は平均値を表します。

アセスメント

- 学級生活満足群から侵害行為認知群に移動した児童がみられ，前回よりも侵害行為認知群の児童が多くなりました。
- 多くの児童が学級生活で侵害行為を受けていると感じているようです。
- このままの状態が続くと，C先生への不満が出てきます。その後，学級生活不満足群に移る児童が出ることが予想されます。
- 侵害行為によって，深く傷ついている児童も出てきます。
- スキル得点は，前回と同じような状況で，相手に対する配慮がとても低く，配慮に欠けています。
- 学級経営を早急に修正したほうがよいと考えられます。

介入①

目的地①

学級に基本的なルールを確立して，だれもが安心して生活できる学級をめざします。

ターゲットスキル

- 基本的な聞く態度（友達の話は冷やかさない）
- 会話への配慮（友達を傷つけないようにする）
- 基本的な話す態度（みんなと同じくらい話す）

方法

ルールを守って楽しいエクササイズを行います。全体的に構成を強くして，守るべきルールを徹底します。相手に配慮することについても指示します。

● エクササイズ１〔団結くずし〕

ポイント

① あらかじめ，エクササイズの目的，内容とルールを黒板に書きます。エクササイズの目的は「ルールを守って楽しいゲームを行い，仲よしになること」などが適切です。

② インストラクションでは，黒板に書いてあるエクササイズの目的を読み上げます。続いて，参加のルールを明確にして，ルールを守ることを徹底します。体を使ってのエクササイズなので，乱暴な行動がないように，「暴力は禁止です。ルールに従わない人は退場です」と指示します。いつもよりも低いトーンでゆっくり話すと効果的です。

③ エクササイズは学級全体で行います。教師が，一緒に団結するグループのメンバーの分け方（テーマ）を決めます。テーマは，いつも口喧嘩している児童同士が同じグループになるように配慮します。

④ グループをつくるときに，グループの中に入れないでいる児童には，教師が指示してグループに入れます。

⑤ 教師はエクササイズに参加しないで，ルール違反がないかチェックします。

⑥ グループを変えて何回も繰り返して行います。

⑦ シェアリングは全員で行います。車座になり，楽しかったことや友達の様子について話し合います。

● エクササイズ２〔ビンゴ〕

※指導例は54ページ参照

ポイント

① あらかじめ，エクササイズの目的，内容とルールを黒板に書きます。

② インストラクションでは，「友達の嫌がることをしないように配慮して，楽しいゲームをしましょう。今日は第○回ビンゴ大会です」と目的を伝えます。

③ 「早くビンゴできた人には，『ビンゴ名人』のカードを渡します。10枚で『ビンゴ鉄人』のカードと交換します」と約束して楽しみを増やし，意欲をもたせます。

④ ビンゴはいつも活動を一緒にしているグループ（４～６人）で行います。机をグループ活動のときのように向かい合わせにします。

⑤ 初めは16マスのビンゴから始めます。次に25マスと増やしていきます。

⑥ ビンゴ大会なので，公平な立場にある教師がテーマの設定をします。マスに入れる語はだれもができる比較的簡単なテーマで行います。たとえば「好きな食べ物」

「気になる芸能人」などです。しだいに「学級のいいところ」「今後の学級の目標」など学級生活に関するテーマで行います。
⑦ビンゴカードは，印刷して児童に配ります。初めは，ビンゴが比較的早く出るようにするためにビンゴ項目も印刷しておき，児童がその中から選んでビンゴカードに記入するようにします。
⑧ジャンケンで，最初に発表する人を決め，その後は時計回りで進みます。
⑨順番の児童は「私が気になる芸能人は，○○です」と文章完成法で答えます。
⑩各グループともビンゴの児童が2人になるまで行います。
⑪各グループの1位の児童のビンゴまでの回数と，項目内容を確認していきます。最も早くビンゴになった児童を教室の前に出して表彰式を行います。ほかの児童は拍手します。
⑫シェアリングをグループ単位で行います。1人1分の時間を限定して，ビンゴを通しての感想を述べます。その後，ビンゴカードのシェアリング欄にある『友達に嫌な思いをさせないようにしたか』など，ルールに関することを1～5までの数字を使って自己評価します。

転移

①団結くずしでは，学習したところなどを団結チームのテーマにします。
②学級目標をテーマにして行ったビンゴでは，児童に多く使われたものを，その月の学級目標にして，模造紙に書いて掲示します。その月の目標が守られたかを学級で反省します。

教師のリーダーシップ

①学級生活で嫌なことについて話を聞き，理解を示します。「学級を居心地のよいものにするために，不満や心配なことがあったら先生に相談してほしいです。一人一人の味方になることを約束します」と宣言し，教師と児童の信頼関係を十分に築きます。
②学級のルールを決めるときは，たとえば児童にアンケートをとり，集計した結果を学級の全児童で検討していきます。
③定めた学級のルールが守られているかをチェックして，その結果を児童にフィードバックしていきます。
④学級生活不満足群に属している児童と侵害得点が高い児童，行動に落ち着きがない児童には個別に面談します。

| エクササイズ① | **団結くずし** |

インストラクション

教師の教示＝●　子どもの反応・行動＝☆

- ●この学級はみんな元気があって，先生はすごいと思います。今日は，みんなの元気をいかして，「団結くずし」というゲームをしようと思います。
- ●今日の目標は，これです。みんなで声を合わせて読んでみましょう。
  - ☆「ルールを守って楽しいゲームをして，みんなで仲よくなろう」
- ●いいかな。みんなでルールを守ってゲームをやりたいと思います。
- ●では，男子はこのマットにのぼって，真ん中で外側を向いて輪になってください。そしたら脚を伸ばして座ります。いいですか。次に，何があっても離れないようにしっかり腕組みをして。さあ，団結しましたよ。
- ●女子は男子の脚を持って，マットから外に出すように引っ張ります。男子は，引っ張り出されないように，しっかり腕を組んで団結しましょう。マットの外におしりがついたらアウトです。女子は，一人でも多くの男子を引っ張り出すようにがんばってください。
- ●みんな，いいですか。このゲームは友達と仲よくなるのが目的なので，乱暴な引っ張り方をしたり，蹴ったりするのは絶対だめです。ルール違反をした人はその場で退場です。先生の笛の合図を守って，動いてください。

エクササイズ

- ●それでは，始めます。時間は1分間です。用意，ピー（笛で合図する）
  - ☆どの子も歓声を上げて取り組む。
- ●はい，やめ！　ピー（笛で合図する）
  - （女子をマットの周りに座らせ，残っている男子を数える。そのとき，おしりをついたかつかないで，もめないよう，教師が審判をしっかりやる）
- ●さすが，男子の団結は強かったですね。次は女子が団結してみましょう。男子に負けないぐらい強い団結をつくりましょう。（以下同じように，いろいろなテーマで取り組ませる。だいたい1時間枠で，一人の児童が2〜3回，団結したり引っ張ったりできるようなテーマを設定して行う）
- ●はい，これで終わりです。みんな，丸くなって私のほうを見てください。

シェアリング

- ●団結くずしをやってみて，どうでしたか。ちゃんとルールを守ってできたかな。ルールを自分はちゃんと守ってやった，という人手をあげて。
  - ☆多くの児童が手をあげる。
- ●みんながルールを守ってやったから，楽しいゲームができたんだね。
- ●それでは，今日「団結くずし」をやってみて楽しかったことを，だれかみんなに発表してください。じゃあ，○○君。（いつも口喧嘩をしている児童を中心に指名する）
  - ☆「団結をしたら，仲よくなった気がする」
- ●そうだね。いろんな団結を組んだけど，どこも強い団結だったね。さすが元気がある学級だなと思って，すごく嬉しかったです。

留意点

- ●あらかじめ内容とルールを書いておき，初めは隠しておく。その場面になったらめくり，注目させる。
- ●全員で目標を声に出して読むことで，確認をする。
- ●普段，口喧嘩をしている児童を団結させるようにグルーピングをする。
- ●グループに入れない児童は，教師が指示して入れる。
- ●禁止項目の確認は，いつもよりゆっくり低いトーンで，ていねい語を用いて行う。
- ●ルール違反は，最初の小さな違反から厳しく取り締まり，徹底させる。
- ●引っ張り出したことよりも，引っ張り出されないで，団結できたことをほめたい。
- ●一つ一つの指示は教師に注目させてから，確実に行う。
- ●楽しかったことだけでなく，ルールを守れたかどうかもしっかり振り返る。

途中経過の様子（10月）

　最近,以前と比べて学級の状態がよくなっていると思います。具体的には,暴力的な言葉や攻撃的な態度が少なくなり,目立った口喧嘩などもほとんどなくなりました。十分とはいえませんが授業中に立ち歩く児童が少なくなり,全体的に落ち着きが出てきました。「ありがとう」「さようなら」などのあいさつは十分に行われています。学級生活不満足群に属していた児童が,私のところに話をしにきます。個別面接によって信頼関係が築かれたのだと思います。

　学級のリーダーとなる子どもはいませんが,女子の1グループが男子にも女子にもうまく働きかけて,学級の行事などを進めるようになりました。大声を出して教室を走り回っていた児童は,現在でも同様の行動をとっていますが,7月と比べると回数は減っています。子どもが口喧嘩をして,雰囲気がピリピリしているときに行動を起こすようです。

　全体としては,ここ数カ月間の取組みの成果が表れてきたと思います。

学級満足度分布（10月）

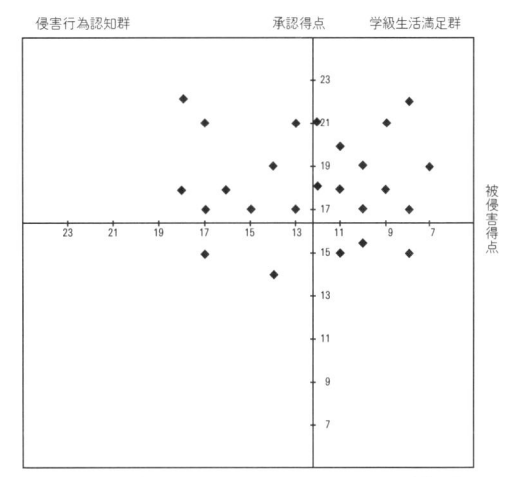

スキル得点グラフ（配慮のスキル）　58.3

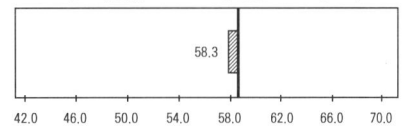

スキル得点グラフ（かかわりのスキル）　39.8

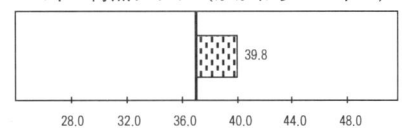

※　棒グラフの始点は平均値を表します。

アセスメント

- 侵害行為認知群から学級生活満足群に移動した児童がいます。被侵害得点も低くなりました。
- C先生のお話も考慮すると,学級の状態は改善されてきたようです。今後,学級生活満足群に移動する児童が多くなると思います。
- いまの状態は,学級が集団としてまとまりはじめた段階だと考えられます。
- 深く傷ついている児童への対応も良好であったと考えられます。
- スキル得点は,〈配慮のスキル〉の得点が上昇しました。スキルトレーニングの効果が出ていると考えられます。
- 児童の満足度やスキルの習得が進んでいることから,学級経営の方針と対策がよかったと評価できると思います。

介入②

目的地②

学級生活を楽しいと思えるようにします。

ターゲットスキル

- 集団生活のマナーの順守（みんなで決めたことに従う）
- 許容的態度（友達の失敗を許す）
- 集団への能動的な参加（学級がもっと楽しくなるように盛り上げる）

方法

対人関係のルールを守りながら、楽しい経験を積んでいきます。

●エクササイズ〔なんでもバスケット〕

※指導例は47ページ参照

ポイント

① インストラクションでは、ルールが守れるようになったことをほめながら、もっと学級での生活を楽しいものにするようにルールを守って交流を深めていこうという内容の話をして、意欲を高めます。
② 席の移動のときには声を出さないこと、暴力的に席を奪わないことなど簡単なルールを定め、守るように指示します。
③ 教師が、条件を(1)目に見える条件、(2)目に見えない条件の2つのテーマに分けてカードに書きます。条件には、「学習発表会でポスターを作った人」など学級行事に関することを取り上げます。
④ 始めに「よろしくお願いします」、終わりに「ありがとう」とあいさつをします。
⑤ 児童がルールを守って席を移動するように、「男の子」など目に見える簡単な条件を出して全員が1回以上移動します。
⑥ 最初は、全員が条件に従って動くように前記の、(1)から(2)に移ります。
⑦ 教師はルール違反の児童がいないかを確認し、あったときは、ていねいな言葉を用いてルールを守るように指示します。
⑧ シェアリングでは、活動が楽しかったと思う児童に手をあげさせて、教師が評価して方向づけを行い、楽しい経験を学級全体で認め合うような内容にします。
⑨ 最後に、シェアリングシートを用いて自己評価します。評価の視点は一生懸命に取り組んでいた児童の紹介、自分がルールを守れたかどうか、さらにルールが守られているときの気持ち、次回はどうすれば守れるかなどを考えて書かせます。

転移

① 体育の授業では、校庭や体育館でいすの間隔を大きくとり、5つ以上離れたいすでないと座れないというルールでゲーム性を高くして楽しく行います（ジャンボなんでもバスケット）。
② シェアリングシートの内容からポジティヴな部分を児童の名前を入れて学級通信で紹介し、朝の会で教師が読み聞かせ、楽しい経験を全体でわかちあいます。
③ 朝の会で、その日のルールを確認して、帰りの会ではルールを守り、学級を楽しくした級友を紹介しあいます。
④ グループ学習をするときに、係を決めて役割を定め、授業の終わりに遂行できたかどうかを確認します。

教師のリーダーシップ

○児童のよくなった行動は、みんなの前でプラスの評価を行い、学級に間違いを許し合える雰囲気ができるように、教師も自分の失敗談を自己開示します。

第4章　学級育成プログラムの6事例

結果の様子（1月）

6・7月のころと比べると，まったく別の学級のようです。学級に落ち着きができたと思います。授業中に立ち歩くことがなくなり，授業がきちんと成立しています。主として3つのエクササイズを繰り返して行ってきましたが，どのエクササイズも子どもたちに人気があります。現在でも「先生，団結くずしをやろう」という子どもが多く，私も団結チームに入って一緒にやっています。以前のようにルールを強調しなくてもよくなりました。

あとは，学級にもう少し明るさがほしいと思っています。残り2カ月，エクササイズを継続して行い，楽しい学級にして6年生に進級させたいと思います。

学級満足度分布（1月）

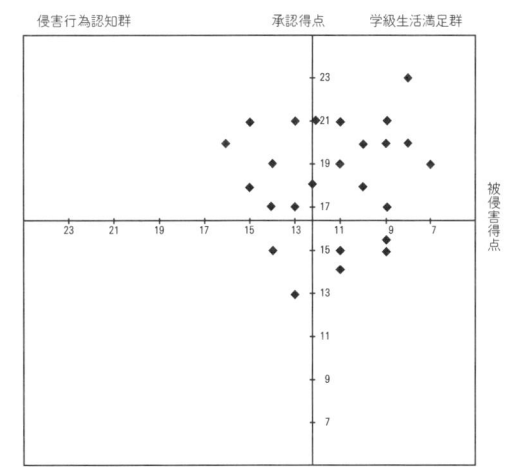

スキル得点グラフ（配慮のスキル）　64.8

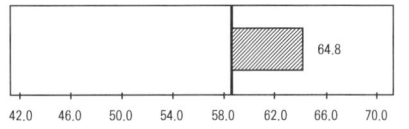

スキル得点グラフ（かかわりのスキル）　44.0

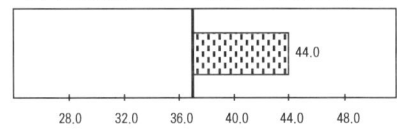

※　棒グラフの始点は平均値を表します。

アセスメント

- 学級生活満足群に属する児童が多くなりました。学校を楽しいと思っている児童が多くなったと考えられます。
- 児童がいろいろな活動に意欲的に取り組める状態であると考えられます。
- 児童が楽しく生活するために必要なスキルやルールを身につけたと考えられます。

4 いくつかのグループが対立しているクラス

(学年：5年生，介入：6月〜3月)

目的地① 学級内で，安心して生活できる居場所を確立する
目的地② ルールを守りながら，互いにかかわり合う場をつくる

実践の概要

■担任の様子

D先生（30歳・男性）は，現在5年生を担任しています。児童の主体性を大切にしようと考え，あまり細かいことを指示するようなことはせずにいようと思っていました。どの児童にも同じように接して，えこひいきしていると思われないようにとも心がけていました。

しかし，学級内に対立する女子の大きなグループができ，同じグループ以外の子どもには冷たいという雰囲気ができてしまいました。

コンサルテーションによって，D先生は，以前より積極的に児童にかかわりをもつようになりました。さらに，すべてを児童に任せるのではなく，指導の必要な場面ではリーダーシップをしっかり発揮し，児童に主体的に活動させたい場面では，主体性を十分に重視することとし，この2点に留意して，メリハリをもって学級経営を行うようになりました。

■学級の様子

女子の大きなグループが2つあり，その2つのグループが対立し，学級内が重い雰囲気にある学級でした。男子は幼く，その女子グループの対立とは別に，小さなグループで自分たちなりに楽しんでいる状態でした。そのうちに，女子の間では2〜3人のグループで陰で悪口を言うなど陰湿な行動が見られるようになりました。

子どもたちのこうした行動は，じつはグループ内での承認感があまり得られていなかったことから，不安感があり，ほかのグループを嫌うことで一体感を得ているようでした。

コンサルテーション後，まず，グループで認め合う活動を行いました。すると，グループ内で自分が認められることによって不安感が消えて自分に自信をもつことができるようになり，それによって，互いに張り合うことがなくなり，グループの対立が消えていきました。

途中，嫌な思いをする児童の姿もみられましたが，これは互いの交流が深まったことで出てきた状態と考えられ，交流する際のルールを決めてさらにスキルトレーニングを行ったことで，落ち着いていきました。活発になってきた男子がけんかをする場面も見られましたが，自分たちで解決できるようになりました。

そして，特定のグループにこだわらずに，仲よしグループ以外の級友ともかかわる活動を，子どもたち自らが立案するまでになりました。

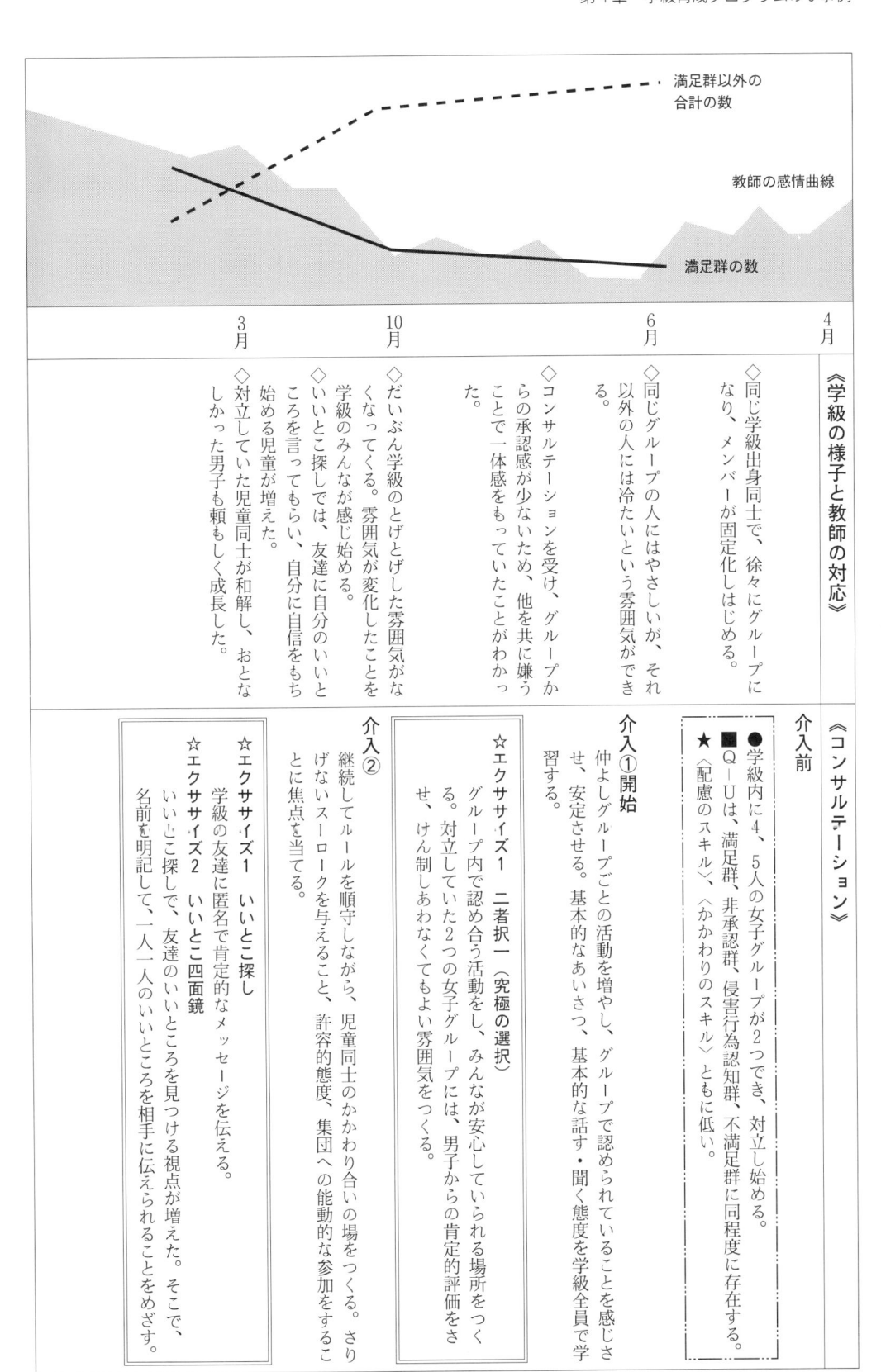

第4章 学級育成プログラムの6事例

グラフ: 横軸は右から4月、6月、10月、3月。「満足群以外の合計の数」（破線）、「教師の感情曲線」、「満足群の数」（実線）。

《学級の様子と教師の対応》	《コンサルテーション》
◇同じ学級出身同士で、徐々にグループになり、メンバーが固定化しはじめる。	介入前 ●学級内に、4、5人の女子グループが2つでき、対立し始める。 ■Q－Uは、満足群、非承認群、侵害行為認知群、不満足群に同程度に存在する。 ★〈配慮のスキル〉、〈かかわりのスキル〉ともに低い。
◇同じグループの人にはやさしいが、それ以外の人には冷たいという雰囲気ができる。	
◇コンサルテーションを受け、グループからの承認感が少ないため、他を共に嫌うことで一体感をもっていたことがわかった。	介入①開始 ☆エクササイズ1　二者択一（究極の選択） グループ内で認め合う活動をし、みんなが安心していられる場所をつくる。対立していた2つの女子グループには、男子からの肯定的評価をさせ、けん制しあわなくてもよい雰囲気をつくる。
◇だいぶん学級のとげとげしい雰囲気がなくなってくる。雰囲気が変化したことを学級のみんなが感じ始める。	
◇いいとこ探しでは、友達に自分のいいところを言ってもらい、自分に自信をもち始める児童が増えた。	介入② 継続してルールを順守しながら、児童同士のかかわりの場をつくる。さりげないストロークを与えること、許容的態度、集団への能動的な参加をすることに焦点を当てる。 ☆エクササイズ1　いいとこ探し 学級の友達に匿名で肯定的なメッセージを伝える。 ☆エクササイズ2　いいとこ四面鏡 いいとこ探しで、友達のいいところを見つける視点が増えた。そこで、名前を明記して、一人一人のいいところを相手に伝えられることをめざす。
◇対立していた児童同士が和解し、おとなしかった男子も頼もしく成長した。	

介入前の様子（6月）

　学級に4～5人の女子のグループが2つあり，あからさまに敵対意識をもち，対立しています。私にもどちらのグループの味方になるのかを堂々と聞くこともあり困惑しています。どちらのグループにもリーダーとして学級を動かせるほどの力をもつ子どもが1人ずつおり，その子を中心にグループだけでなく学級が動いています。周りの児童は，彼女らに遠慮し，どうものびのびと生活できないような感じを受けます。男子はまだ幼く，自分たちで勝手に楽しんでおり，学級のまとまりを感じません。

　授業中もリーダーのわがままな言動が目立ちます。周りも気を使って注意もできず，同じグループの子どもも同調して同じような行動をとるようになりました。注意しても素直に聞こうとしません。しかり方も徐々にきつくなってきたように自分でも思います。

　このようにグループが対立し，学級がまとまらない状態をどうすればよいのか困っています。

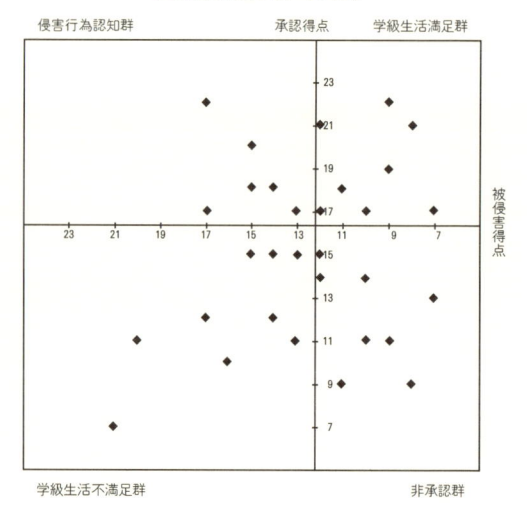

学級満足度分布（6月）
侵害行為認知群　　承認得点　　学級生活満足群
被侵害得点
学級生活不満足群　　　　　　　非承認群

スキル得点グラフ（配慮のスキル）
52.4
42.0　46.0　50.0　54.0　58.0　62.0　66.0　70.0

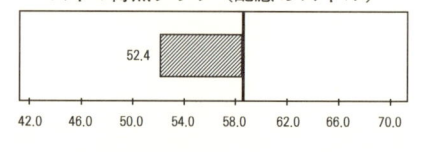

スキル得点グラフ（かかわりのスキル）
32.9
28.0　32.0　36.0　40.0　44.0　48.0

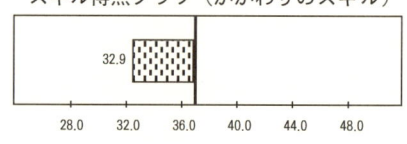

※　棒グラフの始点は平均値を表します。

アセスメント

- 承認得点，被侵害得点の双方にばらつきが大きく，学級内にルールが確立されていないことがうかがわれます。
- また，グループができていても，その中で階層化が起こり，グループに入らざるをえないが，グループ内で認められているわけではない児童がいることが考えられます。
- このような状態では，グループ内で力のある児童だけが，承認得点の高い位置にいることが多いものです。分布を詳しくみることで，グループ内の力関係がわかります。
- 〈配慮のスキル〉〈かかわりのスキル〉ともに低い得点であり，敵対しているグループ同士だけでなく，グループ内でもいざこざが起きている可能性が考えられます。

介入①

目的地①

学級内で安心して生活できる居場所を確立します。

ターゲットスキル

- 基本的なあいさつ(「おはよう」「ありがとう」などの基本のあいさつが言える)
- 聞く態度(友達の話を最後まで聞く)
- 話す態度(みんなに聞こえる声で話す)

方法

グループ内で互いを認め合う活動をし、自分の居場所を感じられる活動を行います。

●エクササイズ１〔二者択一〕(究極の選択)

ポイント

①低学年のころと比べて友達を選ぶ視点が変わっていないかと語りかけ、「自分と考えの似た人を探しましょう」とインストラクションを行います。
②１日に１度、帰りの会で実施します。
③選択肢は教師が提示し、教室を二分しそれぞれ分かれたところで話し合わせます。
④最初は仲よしグループごとに集まると思われますが、それがねらいなので、児童が集まるようにさせておきます。
⑤ルールは、(1)「よろしくお願いします」「ありがとうございました」とあいさつをする。(2)人が話をしているときには口をはさまず、その人のほうを見る。(3)聞こえる声で話す。「聞こえません」と言われたら、必ず言い直す。
⑥ルールが守られていないときは、教師がその場所に行き、「ルールを守ってください」とだけ、静かな声で言います。
⑦話し合った内容は、教師が黒板に書きまとめます。反論タイムは設けずに、自分たちの考えを言うだけにします。
⑧シェアリングは、話し合ったグループで、よい意見を言った人を伝え合い、同じ考えのほかのグループに、よい考えだと思ったことを伝えます。教師が記録し学級通信に載せます。個人的な名前が出たら、ターゲットスキルに関する教師のコメントもつけ、よいモデルとして示します。
⑨シェアリングで認め合いが活発にできるようになってきたら、男女混合グループで話し合わせたり、ほかのグループのよい面を評価させるシェアリングをします。

転移

①授業でも、２つの答えを選択するような展開を時折入れ、自分の考えを決定し、その理由を考える練習をさせます。
②社会や理科ではテーマを決め、やりたいテーマごとにグループをつくらせることにより、小グループによる学習をさせます。その際、授業の終わりには一人一人のよかったところを言わせ、グループ内での存在感を感じさせます。
③学級内に自主的係活動を提起し、やりたいもの同士で活動をさせ、評価していくことでグループ内交流を活性化させます。

教師のリーダーシップ

①休み時間は各グループの遊びに参加するような参加型リーダーシップも必要です。
②つねに話す内容を吟味し、端的に要領よく伝える話し方を意識して行い、モデルを示す教示的リーダーシップが必要です。
③聞く態度のよい児童を取り上げ教師がモデルを示しながらほめることが大切です。

| エクササイズ① | 二者択一（究極の選択） |

インストラクション

教師の教示＝● 子どもの反応・行動＝☆

- みんなには，仲のよい友達がいますか？　仲がよい友達というのは，どういう友達でしょうか。たぶん3年生くらいまでは，家が近くてよく遊ぶ友達とか，席が近い友達だったのではないでしょうか？　それでは，いまはどうですか？　たぶん似ている考え方をする人になっているのではないでしょうか？　もしそうであれば，みなさんは成長しているということになりますよ。今日は，自分と考えの似た人を探してみましょう。
- 今日は「究極の選択」というゲームをします。私が2つの言葉を言います。みんなにはどちらか一方を必ず選んでもらいます。どうしても選ばなければいけないとしたら，どちらを選ぶかなあと考えてください。

エクササイズ

- では，①を選ぶという人は教室の窓側に，②を選ぶという人は教室の廊下側に移動しますよ。第一問です。みんな真ん中に集まってください。
- ①はラーメンです。②はカレーライスです。もし，いまとってもおなかがすいていて，一つだけ食べることができるとしたらどちらを選びますか？　はい，動きましょう。
- ちょうど半分くらいに分かれたようですね。じゃあ，その中で，女子グループと男子グループに分かれましょう。
- はい分かれましたね。これから，選んだ事柄について話し合いますが，ルールが3つあります。一つは，始めに「よろしくお願いします」，終わりに「ありがとうございました」とあいさつをすること。二つめは，人が話をしているときには口出しをしないこと。反論したりせず，そういう考えもあるんだなと思って聞きましょう。三つめは，話をするときはみんなに聞こえる声で話すことです。
- 時間は○分とります。1人1分ずつ話しましょう。みんなが話し終わったら，自由に話をしています。
- では，最初に今日同じグループになったメンバーにあいさつをしましょう。「よろしくお願いします」はいっ。
- ☆「よろしくお願いします」

シェアリング

- グループで話をしてみてどうでしたか？　みんなと選んだ理由が違うもの，同じものいろいろあったと思います。いまグループで，話し合ったことを発表してもらいます。どんな意見が出たかみんなに教えてください。
- いろいろな意見が出たようですね。では，同じグループの中で，これはいい意見だなと思った人がいましたか？
  - ☆「カレーライスは具が多くて栄養があるという意見がよかったです」
- では次に，隣のグループの人の意見で，これはいいなあと思った考えはありましたか。
- はい，今日の究極の選択は，ラーメンとカレーライスでした。みんなのいろいろな意見を聞いて，今度食堂に行ったらかなり迷いそうだなと思いました。究極の選択に出た意見は，学級通信で紹介したいと思います。

留意点

- 真ん中に集め，いま立っている場所が近いから行くという安易な考えを防止する。
- 男女分けをし，4つのグループができる。グループの人数は多くても3〜4人とする。
- ルールは黒板に書くなど明示しておく。
- 話す時間を決める。児童自身にも時間を守ることを意識させる。
- 価値観にかかわることなので，他者批判も出ることが予想される。必ず，最初に防止するような教示が必要。
- 教師は，発表された意見を黒板にまとめる。

- シェアリングでは，グループ内でいい意見だと思うことと，同じものを選択したほかのグループ（隣のグループ）の中でいい意見だと思うことの2点を発表させる。
- 学級通信に今日出た意見やいい意見を言った個人名をあげて紹介する。ターゲットスキルに関する教師のコメントもつける。

第4章　学級育成プログラムの6事例

究極の選択！
きゅうきょく　せんたく

◇あなたがどちらかを選ぶ必要があるとき，あなたならどちらを選びますか？

| 今日のお題 | ①ラーメン　VS　②カレーライス |

1．グループの友達の意見……どんどんメモしよう！

```
┌─────────────────────────────────────┐
│                                     │
│                                     │
│                                     │
│                                     │
│                                     │
│                                     │
│                                     │
└─────────────────────────────────────┘
```

2．同じグループの友達の「なるほど！」と思った考え
　①＿＿＿＿＿さん・くんの＿＿＿＿＿＿＿＿＿＿＿＿＿＿＿という意見
　②＿＿＿＿＿さん・くんの＿＿＿＿＿＿＿＿＿＿＿＿＿＿＿という意見
　③＿＿＿＿＿さん・くんの＿＿＿＿＿＿＿＿＿＿＿＿＿＿＿という意見

3．隣のグループの友達の「なるほど！」と思った考え
となり
　①＿＿＿＿＿さん・くんの＿＿＿＿＿＿＿＿＿＿＿＿＿＿＿という意見
　②＿＿＿＿＿さん・くんの＿＿＿＿＿＿＿＿＿＿＿＿＿＿＿という意見
　③＿＿＿＿＿さん・くんの＿＿＿＿＿＿＿＿＿＿＿＿＿＿＿という意見

途中経過の様子（10月）

　コンサルテーションに従って、帰りの会に「究極の選択」を行いました。毎日とはいきませんでしたが、週に2～3回程度継続することができました。その活動を続けるうちに、目に見えるような対立はなくなりました。また、エクササイズ中にほかのグループから文句が出ると、男子が注意をする姿も見られ、嬉しいかぎりでした。9月ごろには、男女混合での話し合いに移り、自分のグループにこだわらない児童も出てきました。10月の学習発表会でも、グループの枠を超えて練習する姿が見られました。

　しかし、互いの交流が進むなかで、グループとは関係なく言い争いが起こり、昔あった出来事などを引っ張り出す場面が見られるときがあります。日記などにも、それまでは明るい内容が多かったのに、嫌な思いを書いてくる児童が出てきて、新しい問題だと考えています。

学級満足度分布（10月）

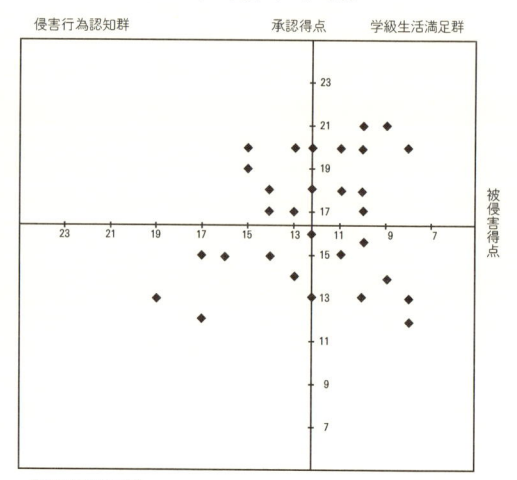

（侵害行為認知群／承認得点／学級生活満足群／被侵害得点／学級生活不満足群／非承認群）

スキル得点グラフ（配慮のスキル）
53.1

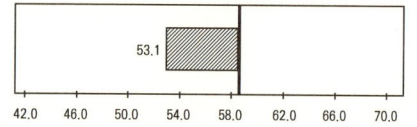

スキル得点グラフ（かかわりのスキル）
33.1

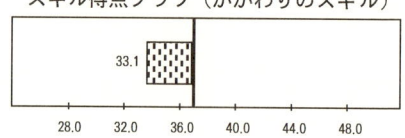

※　棒グラフの始点は平均値を表します。

アセスメント

- 多くの児童の承認得点が上がり、学級内に自分の居場所がもてるようになってきていることが伺われます。
- しかし、被侵害得点の幅はあまり変容がなく、6月とは別の意味で、嫌な思いをしている児童が出てきていることがわかります。
- これは、互いの交流が深まったことで出てきた状態と思われますので、互いに交流する際のルールを決めてあげる必要があると考えます。
- 学級の状態が好転しているものの、スキル得点はそれほど伸びていません。〈配慮のスキル〉を意識し訓練することにより、得点がかなり上がっていくものと思われます。ここが正念場ですので、あきらめず根気強く、スキルトレーニングをすることを薦めます。

介入②

目的地②

ルールを守りながら互いにかかわり合う場をつくります。

ターゲットスキル

- さりげないストローク（級友が何かよいことをしたらほめたり拍手をしたりする）
- 許容的態度（級友が失敗しても許す）
- 集団への能動的参加（みんなのためになることは進んでやる）

方法

ルールを守ることで、互いが気持ちよく認め合えるようなエクササイズを行います。

●エクササイズ1〔いいとこさがし〕

※指導例は60ページ参照

ポイント

① 「『究極の選択』ではみんなのいいところが出るようになり嬉しいです。さらに、みんなでよいところを探し合いましょう」とインストラクションを行います。
② 「いいとこさがしシート」を「いいとこさがしBOX」に入れ、教師が回収し、内容を学級通信で伝えることとします。
③ シートに記入されない児童に関しては、教師が児童の長所を学級通信に載せます。
④ 学級通信は、渡す前に読んで聞かせます。
⑤ 学級通信で紹介された児童は、読まれたあと、立って感想を全員の前で言います。
⑥ ほかの児童は、拍手でたたえます。

●エクササイズ2〔いいとこ四面鏡〕

ポイント

① 「いいとこさがし」での学級通信による紹介が、全児童に関して3回りほどしたら、次のエクササイズとして行います。
② 「今度は、いいところを見つけて伝え合う活動をしましょう」とインストラクションを行います。
③ 最初は、教師について、児童に自由に言わせる形でモデルを示します。四面鏡で使う形容詞を書いた模造紙をはり行います。どの意見にも教師は喜ぶ姿勢を見せ、「見る人によって、自分のいいところは違うんですね」と結び、人によって見方が違うことを肯定づけます。
④ 最初は生活班、次に運動会の係や清掃班などグルーピングを替え、そのグループ活動の最後に行います。その際、「自分を知ってもらうには、一緒に活動しないとわかってもらえないよね」といった教示を行い、知り合うために、さまざまなグループをつくることを納得させます。
⑤ 書かれた内容についてどう思ったか、互いに聞き合う時間を設けます。

転移

① 授業中に隣同士などで簡単な話し合いを行います。話す順番、話し方まで決め、ひな型は教室に掲示しておきます。話し合いの簡単なパターンを数種決めておき、「今日はパターン1で」と指示します。
② 授業では、参考になった意見には拍手をするなど、スキル訓練を取り入れます。

教師のリーダーシップ

① 学級通信を有効に使い、教師の目からの評価も入れ、上手なかかわり合い方をしている児童のイメージをもたせます。
② 日常観察で児童のよい面を見つけておき、その児童のよい面が児童同士で出ない場合、教師から出せるようにしておきます。

| エクササイズ② | いいとこ四面鏡 |

インストラクション

教師の教示＝●　子どもの反応・行動＝☆

●友達から人気のある人はどんな人かな？　私が調べたところいちばん人気がある人は，人のいいところをたくさん伝えてあげられる人なんです。
●私は，この学級のみんなにすばらしいところがあると思います。それぞれのいいところを見つけられて，友達同士で素直に「すごいね」って言い合えるようになると，ますますいい学級になると思います。今日は，「友達のいいと思うところをたくさん見つけて伝える」という活動をします。
●では，運動会の同じ係の人たちで集まって静かに座ってください。
●いま一緒に座っている人たちとは，運動会を通して，いろいろな活動をしました。考えがぶつかることも，うまく進まないこともあったと思います。けれど，力を結集させてがんばったから，運動会を大成功に終わらせることができたのだと思います。そして，みんなが一緒に活動していくなかで，友達のことをよく知ることができたと思います。また，今回の活動を通してほかの人のよいところに気づくといいなと思います。

エクササイズ

●では，いまからシートを配りますので，自分の名前を書いてください。書き終わったら，いまグループになっている人，全員の名前を書きます。
●それでは，グループの中の人とペアをつくってください。グループの人全員とあたることになるのであまり深く考えず，ペアになりましょう。
●その友達と自分の持っているシートを交換します。そのときに気持ちよく交換できるように「お願いします」とあいさつをします。シートは相手が書きやすいように，反対向きにして渡します。
●次は，自分の名前が書いてあるたての欄に，ペアの人のいいところだと思う場所3個に〇をつけます。ここで注意することが一つあります。相手のいいところを伝えることは，友達とかかわるうえでとても大切なことです。だから，友達のことを真剣に考えて，静かに〇をつけましょう。
●はい，では，〇をつけてみてください。みんな書きましたか？　書いてもらったら，「ありがとう」といってシートを戻します。1人の人が終わったら，グループ内のほかの人に同じように書いてもらいます。
●みんな終わりましたか。では，自分のシートをじっくり見ましょう。

シェアリング

●グループごとに集まり，自分のシートを見せ合いましょう。自分のいいところにつけてもらってどんな気持ちがしたか，話し合ってください。
●普段は，友達のいいところについて，あんまり意識しないし，友達に伝えることも少ないですよね。友達のいいところをたくさん見つけられた人，その人は普段から友達のいいところを発見しているんでしょうね。今日，お互いにいいところを伝えてみて，なんだかあたたかい気持ちになったと思います。これからも友達のいいところを見つけてあげましょうね。

留意点

●友達のいいところを発見することにポイントをおく。
●一人一人がお互いのいいところを見つける活動に力点をおく。
●学級活動を共にしたグループで組ませるとよい。
●集まる場所も指定し，すぐ動けるように工夫する。

●ペアづくりの際に残る児童がいないよう声かけをする。人数が奇数の場合は，3人組をつくらせる。
●学級の机やいすはあらかじめ後ろへよけ，児童が自由に歩けるようにする。
●ここで「基本的なあいさつ」のスキルトレーニングをする

●書く場面，聞き合う場面を明確にし，メリハリをつける。
●より具体的に伝え合う。
●たくさん書いてもらった感想を話す。
●普段から友達のいいところを発見する大切さに目を向けさせる。

いいとこ四面鏡（運動会編）

自分の名前 _____

友達の名前→	さん	さん	さん	さん	さん	さん
☆すすんで係の仕事をしていた！						
☆ふんいきをもり上げてくれた！						
☆親切にしてくれた！						
☆最後まで責任をもって仕事をしていた！						
☆意見をはっきりいっていた！						
☆作品を最後までがんばって仕上げていた！						
☆きれいに仕上げていた！						
☆はげましてくれた！						
☆係をまとめてくれた！						
☆細かいことにも気づいてやってくれた！						
☆協力して仕事をした！						
☆目を見て話を聞いてくれた！						
☆仕事を手伝ってくれた！						
☆わからないことをやさしく教えてくれた！						
☆いっしょにものを運んでくれた！						
☆たよりになった！						
☆とくいなものをいかしていた！						
☆アイデアをもっていた！						
☆まじめに行動していた！						
☆いろいろなことを知っていた！						
☆自分の考えをもっていた！						
☆夢中になっていた！						
☆楽しい気持ちをわすれなかった！						
☆何でも話を聞いてくれた！						
☆トラブルがおこっていてもおちついていた！						
☆チャレンジをする気持ちがあった！						
☆みんなの役に立とうとしていた！						
☆てさきがきようだった！						
☆あとかたづけまで手をぬかなかった！						

結果の様子（3月）

年度当初に会ったグループ対立はなくなり，グループのリーダーだった児童同士も仲よく話す場面も見られるようになりました。また，この子たちが中心となり，「6年生を送る会」の学年出し物が企画・運営され，自分たちで納得のいく発表ができました。

最近は，男子が活発になりすぎて，けんかをする場面が見られるようになってきましたが，自分たちで解決できるようにもなっています。

いまは，6年生になってからの修学旅行の取組みに熱中しています。宿泊は仲よしグループ，係活動は違うグループなど，自分たちで原案を立てて楽しんでいる姿が見られ，頼もしいかぎりです。

学級満足度分布（3月）

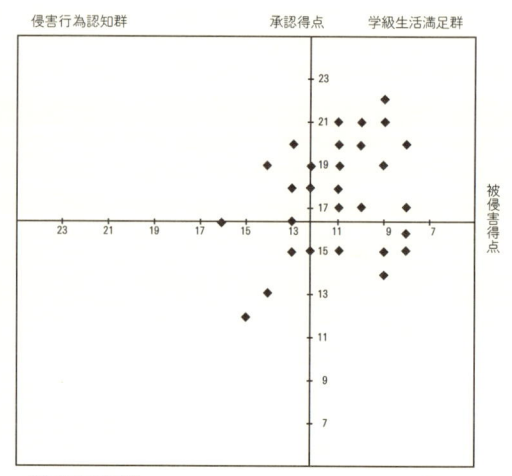

侵害行為認知群　　承認得点　　学級生活満足群

被侵害得点

学級生活不満足群　　　　　　　非承認群

スキル得点グラフ（配慮のスキル）　63.8

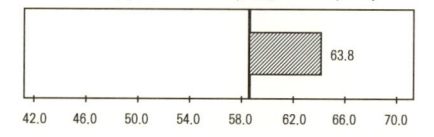

スキル得点グラフ（かかわりのスキル）　42.4

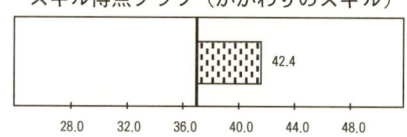

※　棒グラフの始点は平均値を表します。

アセスメント

- 多くの児童が学級生活満足群となり，1年間通じて行ってきた構成的グループエンカウンターをはじめとする学級の取組みが，児童とうまくマッチしたといえます。
- グループ内の階層化もなくなったようですので，新しい人間関係をつくることのきっかけになるような取組みもあってもいいのかもしれません。
- 学級内に居場所ができ，心的に安定したことにより，スキル得点も好転しました。2つのスキルのバランスもよく，さらに高度なスキルを身につけていく下地が出来上がったものと考えられます。

5 おとなしくどこかしらけたクラス

(学年：4年生，介入：7月～2月)

目的地① だれもが認められ，楽しい学級づくりをめざす
目的地② だれもが認められ，だれもが活躍できる学級づくりをめざす

実践の概要

■担任の様子

E先生（女性）は，教師になって21年になるベテランです。生活指導がきちんとしており，E先生が低学年をもつと規律ある学級に変貌していきました。

今回もその力量がかわれて，わんぱくで規律が守られていないこの学級を4年生から受けもつことになったのです。当初は子どもたちはE先生の指導に従い，4月のスタート時から規律ある学級に変容していったようです。

E先生は学習にも力を入れ，毎日，計算，漢字，音読の宿題を出して，評価していました。しかし，徐々にE先生の指導についてこられない児童が表れ始め，たびたび注意するのですが，改善されませんでした。

コンサルテーションによって，E先生は，それまで，課したノルマを達成したか，まじめに学級生活を過ごしているかといった規範を重視していた指導方針を見直し，児童を多面的に理解するようになりました。先生自身も余裕をもって児童に接するようになり，一人一人の児童にあたたかくかかわるようなリーダーシップを発揮するようになりました。

■学級の様子

3年生のときは，児童同士のトラブルが多く，ルールの徹底しない少し騒がしい学級でした。E先生の指導によって一つずつきまりが増えていき，規律ある学級に変容していきました。しかし，逆に子どもたちの快活さが薄れ，どこか先生の目をうかがいながら行動するようになりました。全体的に落ち着いて見えたのは，緊張して学級生活を送っていたからかもしれません。

先生に注意を受ける児童が固定化されると，その児童は，先生や友達に対してかかわろうとしなくなり，なにごとにも消極的になってしまいました。

コンサルテーション後，エクササイズなどの活動を通して，基本的な話す・聞くスキルが身についていき，友達を励ましたり，学級を明るい雰囲気に盛り上げるようになっていきました。また，以前は2～3人の少人数のグループでしか遊べなかった児童も，5～6人の中集団で活動できるようにもなりました。

E先生とのあたたかく楽しい雰囲気の関係がつくられ，児童同士の明るい交流が見られるようになり，消極的だった児童も友達に支えられながら，得意な面を発揮して活躍する場面も増えました。

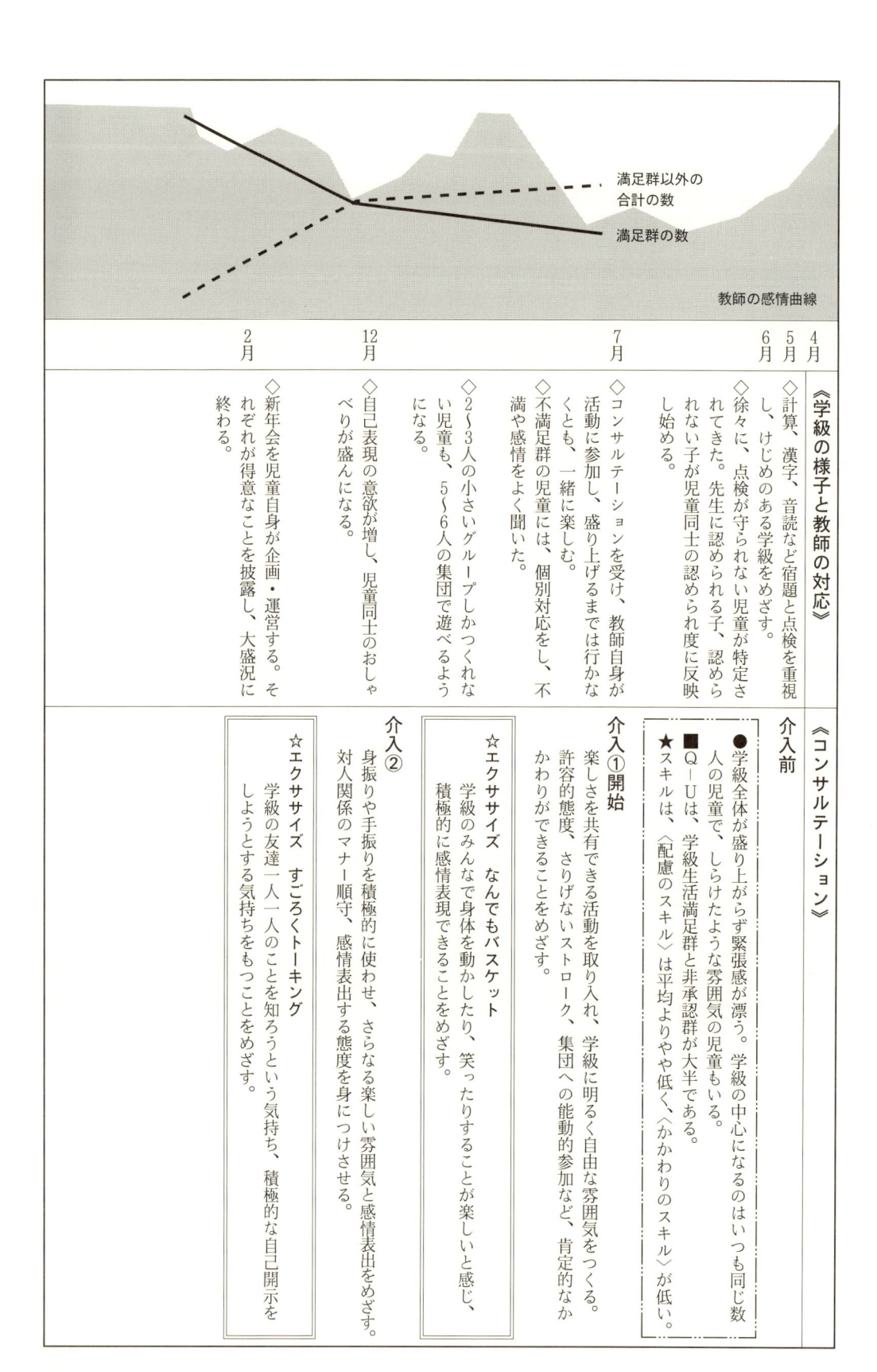

```
満足群以外の
合計の数

満足群の数

教師の感情曲線
```

	4月 5月 6月	7月	12月	2月
《学級の様子と教師の対応》	◇計算、漢字、音読など宿題と点検を重視し、けじめのある学級をめざす。◇徐々に、点検が守られない児童が特定されてきた。先生に認められる子、認められない子が児童同士の認められ度に反映し始める。	◇不満足群の児童には、個別対応をし、不満や感情をよく聞いた。◇コンサルテーションを受け、教師自身が活動に参加し、盛り上げるまでは行かなくとも、一緒に楽しむ。	◇自己表現の意欲が増し、児童同士のおしゃべりが盛んになる。◇2〜3人の小さいグループしかつくれない児童も、5〜6人の集団で遊べるようになる。	◇新年会を児童自身が企画・運営する。それぞれが得意なことを披露し、大盛況に終わる。
《コンサルテーション》	介入前 ●学級全体が盛り上がらず緊張感が漂う。学級の中心になるのはいつも同じ数人の児童で、しらけたような雰囲気の児童もいる。■Q−Uは、学級生活満足群と非承認群が大半である。★スキルは、〈配慮のスキル〉は平均よりやや低く、〈かかわりのスキル〉が低い。	介入①開始 ☆エクササイズ なんでもバスケット 楽しさを共有できる活動を取り入れ、学級に明るく自由な雰囲気をつくる。許容的態度を共有し、さりげないストローク、集団への能動的参加など、肯定的なかかわりができることをめざす。	介入② ☆エクササイズ すごろくトーキング 学級の友達一人一人のことを知ろうという気持ち、積極的な自己開示をしようとする気持ちをもつことをめざす。	☆エクササイズ 身振りや手振りを積極的に使わせ、さらなる楽しい雰囲気と感情表出をめざす。対人関係のマナー順守、感情表出する態度を身につけさせる。

第4章　学級育成プログラムの6事例

介入前の様子（7月）

　全体的に落ち着いた学級だと思います。しかし，授業中に発表する子どもはいつも決まっており，数人の子どもが中心となって授業が進んでいるような気がします。何となくしらけた雰囲気の子どもがおり，授業中はボーっとしている感じがします。その子どもたちは，忘れ物も多く，身の回りが乱雑になっています。たびたび注意していますが，なかなか直りません。周りのリーダーたちも作戦を立て援助しようとしていますが，よくなる気配がないために，注意も多くなっています。

　どの子も，生活の態度をしっかりとして，積極的に授業に参加する学級をつくりたいと思っていますがうまくいきません。

学級満足度分布（7月）

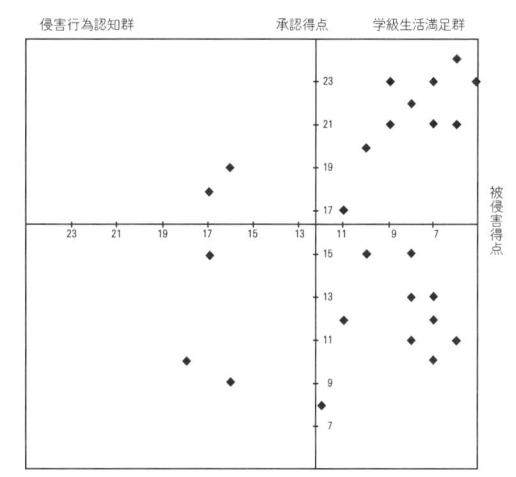

スキル得点グラフ（配慮のスキル）
54.7

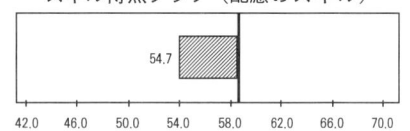

スキル得点グラフ（かかわりのスキル）
30.2

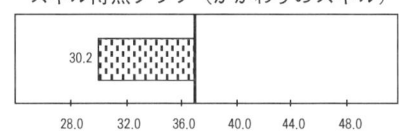

※　棒グラフの始点は平均値を表します。

アセスメント

- 担任の先生は，児童に社会性を身につけるために努力をしているのですが，教師の期待に応えられない児童が主体的な活動や自己表現をできずにいるようです。
- 教師が児童の活動の先頭に立って失敗しないようにお膳立てをしすぎるために，児童が教師任せになり，自発的な活動には至っていないのではないでしょうか。
- 授業が単調になってしまうために児童の興味・関心が失せてしまい，授業に意欲的に取り組めなくなってしまっていることが考えられます。
- 全体的に落ち着いて見えたのは，児童が緊張感に包まれていたからかもしれません。適応できない児童は「どうせ自分にはできない」という無気力感があるのかもしれません。
- 担任の指導に適応している満足群の児童と，それ以外の児童に階層があることが考えられます。適応している児童は教師に過剰に適応しており，教師をモデルにして，不適応を起こしている児童にきつくあたっているのではないかと推察されます。

介入①

目的地①

だれもが認められ，楽しい学級づくりをめざします。

ターゲットスキル

- 許容的態度（班活動で友達が一生懸命やって失敗したときは許す）
- さりげないストローク（友達が元気のないとき，励ます）
- 集団への能動的参加（友達が楽しんでいるときに，もっと楽しくなるように盛り上げる）

方法

楽しさを共有できるエクササイズを行います。

●エクササイズ〔なんでもバスケット〕
ポイント

①教師は簡単なルールを話し，自らも一緒に楽しむ余裕をもって行います。「今日はちょっとだけ，はめをはずして，教室で暴れてみましょう。先生も一緒に参加するけど，教室で暴れたなんて，ほかの先生に言わないでね」などとユーモアを交えてインストラクションを行います。
②条件の書いてある「お助けカード」を用意し，思いつかない児童に読ませます。
③「○○が好きな人バスケット」「行きたい国バスケット」などテーマを決めます。
④その際，全員がいっせいに動くことに慣れるように，「好きな食べ物バスケット」の場合は「いただきまーす」という合図で全員が動きます。しらけて動こうとしない児童がいることが予想されますので，初めに教師が全員を動かす合図を出し，動くことへの抵抗を取り除きます。
⑤シェアリングは楽しさの共有を中心に行い，嬉しかったこと，悔しかったことも含め，感情を率直に表現させます。

転移

①授業中たえず発表や聞き方への評価を行い，聞く・話すスキルを意識させていきます。聞き方レベル表を掲示しておくとよいでしょう。初級：話すほうを見て聞く。中級：なるほどと感じたときには，うなずきながら聞く。上級：賛成できること，自分と違うことを考えながら聞いて，それを相手に伝えることができる。
②授業の形態が型にはまらないようにし，「さいころトーキング」を取り入れるなど多様性とゲーム性を加味します。
③注意の仕方をゲーム的に練習します。(1)忘れ物またしやがったな。(2)今日は貸してあげるよ。明日はもってこいよ。(3)忘れ物が続いているようだけど何かあったのかい。などと3つくらいのパターンを提示し，実際に言わせて，体験し，あたたかい注意の仕方に気づかせます。

教師のリーダーシップ

①大半の児童は教師の指示に従っているのですから，それを逆手にとって，たとえば「友達が元気がないときには励ましてあげる」というようなリレーションを形成するための指導を加えます。
②不満足群や非承認群の児童への教師の接し方がモデルとなります。「元気がないね」「失敗はつきもの。気にしないで」などのあたたかい言葉がけが大切です。
③自分の失敗談などを自己開示し，児童の失敗に共感的な態度をとるようにします。

第4章　学級育成プログラムの6事例

| エクササイズ | **なんでもバスケット** |

インストラクション	留意点

教師の教示＝●　子どもの反応・行動＝☆

●今日はいつもより少しだけハメをはずして，教室で暴れてみましょう。先生も一緒にやるけど，教室で暴れたなんてほかの先生には内緒ですよ。 ●ではまず，全員でいすを持って，丸い輪になって座ってみましょう。 ●今日，みんなでやるのは，「好きな食べ物なんでもバスケット」というゲームです。みんな，好きな食べ物って，どんなのがあるかな。みんなにちょっと，教えてくれますか？ 　☆「ハンバーグ」「すし」「メロン」（たくさん出る） ●そうですね，いっぱいありますね。みんなは，自分が好きな食べ物が，みんなとどれくらい同じか知っていますか。今日は，ゲームをしながら，みんながどんな食べ物が好きなのか，みてみましょう。 ●では，やり方を説明します。真ん中に立った人は，自分が好きな食べ物を，みんなに聞こえるように，大きな声で言います。先生が好きなのは，プリンなのでここで「プリン！」と大きな声で言います。プリンが好きな人は，手をあげてみてください。いま手をあげた人は，先生が「プリン！」と言ったら，いま座っている席を移動します。ちょっと，移動してみてください。そのとき，真ん中に立っている人もあいた席に座ります。そうすると，今度は，ほかの人が一人座れなくなりますね。そうしたら，今度はその人が，自分が好きな食べ物を言います。わかりましたか。 ●好きな食べ物が，思いつかないときは，真ん中に「お助けカード」があるのでこれを引いて読んでください。みんなを移動させたいときは，「いただきまーす！」と言います。真ん中に立っている人が「いただきまーす！」と言ったら，全員がほかの席に移動します。わかりましたか。	●ユーモアを交えて，愉快な雰囲気をつくる。 ●最初に，みんなの好きな食べ物をいくつかあげさせることで，思いつかない子への例示になる。 ●実際に児童を動かしながら，ゲームのイメージをつかませる。 ●教師も一緒になって参加し，場を盛り上げたい。 ●「お助けカード」は，たくさんの児童が動くと思われる食べ物を，教師があらかじめ書いて準備しておく。

エクササイズ

●では，始めます。最初は先生から。「いただきまーす！」 　☆全員がキャーキャー言って移動する。（以下同じように続ける） ●はい，それまで。みんな，好きな食べ物がいっぱいあるんですね。みんなの好きな食べ物が，たくさんわかりましたね。	●最初は，教師が全員移動の指示を出し，動くことへの抵抗を取り除く。

シェアリング

●はい，それでは，いまから感想を話してもらいます。いま座っている席の近い人で4人組になってください。4人組になったら，円になって座ってください。そうしたら，4人でじゃんけんをして話す順番を決めましょう。 ●決まりましたか。では，今日の活動をやってみて楽しかったこと，悔しかったこと，なんでもいいです。感想を順番に話してください。 　☆「みんなの好きな食べ物と自分の好きな食べ物が同じのが多くて，たくさん動いたのが面白かった」 ●ではこれで終わりにします。今日のゲーム，面白かった人と思う人は手をあげて。先生もすごく面白かったです。また，やりましょう。	●自分から積極的に動いて組をつくれない児童のために，教師が間髪入れず，4人組を組ませる。 ●楽しさを共有できたことを中心にシェアリングさせる。

なんでもバスケット
～ふりかえりシート～

なんでもバスケットをふりかえって，星に色をぬってみよう！

　　　　　　　　　　　　　　　　　　すこし　　　　　とっても

◎　おもしろかったですか？　　　　　☆　☆　☆　☆　☆
◎　大きな声でカードをよめましたか？　☆　☆　☆　☆　☆
◎　内容を一回で聞き取りましたか？　　☆　☆　☆　☆　☆
◎　声を出さないで移動できましか？　　☆　☆　☆　☆　☆
◎　友達の新しい発見はありましたか？　☆　☆　☆　☆　☆
◎　またやりたいですか？　　　　　　　☆　☆　☆　☆　☆

　　　　　　　　　年　　組　　なまえ

お助けカードの例

【目に見えるもの】

・男の子・女の子・髪を結んでいる人・髪を結んでない人・Tシャツの人・長そでの人

・○色の服の人・いま口を開けていた人・いまいすに座っている人・先生より背が低い人

・先生より髪が長い人・おでこをだしている人

【目に見えないもの】

・○○係だった人・○○をがんばった人・○○を作った人・○○を見た人・○○だと思う人

第4章　学級育成プログラムの6事例

途中経過の様子（12月）

　学級生活不満足群の児童とできるだけ多くかかわり，苦情や不満を意識的に聞くように心がけました。学力や生活態度を中心に児童をほめていたことを反省し，一人一人のよさをたくさんほめるように心がけました。

　その結果，教師に対して話しかけてくるなどの好意的な行動が見られるようになりました。また，これまで2,3人でしか遊べなかったのに，5,6人の集団で遊ぶ姿が見られるようになってきました。学級のリーダーの注意にもきつい感じがなくなり，リーダーを中心に学級行事なども児童の話し合いで企画できるようになりました。前には見られなかったちょっとおふざけの内容も見られるくらいです。

　まだ積極的になれなくて表情が硬い児童が見られるのが気になります。どの子も活躍できる学級にしたいと考えています。

学級満足度分布（12月）

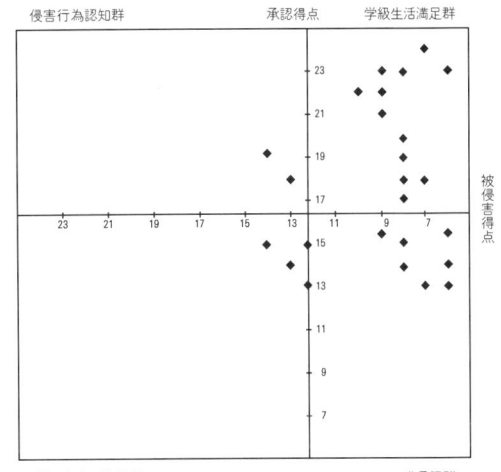

スキル得点グラフ（配慮のスキル）　63.2

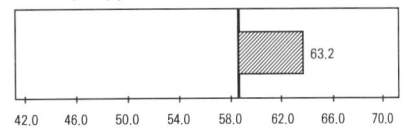

スキル得点グラフ（かかわりのスキル）　36.7

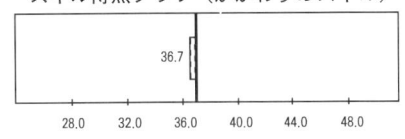

※　棒グラフの始点は平均値を表します。

アセスメント

- 承認得点が向上しています。学級の緊張した雰囲気が緩和され，児童にとって教室がほっとできる場となってきたことが伺えます。
- 教師が少し肩の力を抜いて，児童との関係を築いたことで，教師と個々の児童の関係がよくなってきたと考えられます。
- 友達の話を最後まで聞いたり，相手の気持ちを考えながら話すスキルや，友達を励ましたり，学級の雰囲気を盛り上げようとしたりするスキルが身についてきたといえます。さらに学級を居心地のよい集団として質の高いものにするために，積極的に友達とかかわるスキルを身につけていくとよいでしょう。

介入②

目的地②

だれもが認められ，だれもが活躍できる学級づくりをめざします。

ターゲットスキル

- 対人関係のマナー順守（秘密は守る）
- 感情表出（身振りや手振りを使って話す）

方法

友達と親密な関係を築くためのエクササイズを行います。

●エクササイズ〔すごろくトーキング〕

ポイント

① 「最近，友達同士がとても仲よくなったようで嬉しいです。今日は話の仕方や聞き方が上手になったみなさんに，話すことで楽しみ，友達のことを知り合ってほしいと思います」と，学級の向上を認めながらインストラクションをします。
② 男女混合の５～７人くらいの生活班で行います。慣れてきたら，グループのメンバーをくじで決めてもいいでしょう。
③ 積極的な非言語コミュニケーションを使わせます。「大きな声で話すと隣グループも迷惑します。少し小さな声で話すかわり，身振りや手振り，表情も工夫して思いを友達に伝えましょう」と教師自身が身振り手振りを使い説明します。
④ 秘密の共有は友情を深めます。そこで，「今日は特別，グループで話したことはほかのグループには秘密にしましょう。だからといって，だれかの陰口を言うのではありません。自分のことで大勢の前では言えないことを友達を信じて話してみましょう」と教師も自分の失敗談などをこの学級だけの秘密にして話します。
⑤ すごろくに「私の秘密」を設け，そこで止まったら，大勢の前では言えないことを話します。
⑥ シェアリングは，グループで行います。だれの聞き方が気持ちよかったか，だれの身振り手振りがわかりやすかったか，秘密を話した，あるいは，話してもらった気持ちを中心にして，初めにあがった人から指名をしながら順番に回します。

転移

① 道徳の時間の自分のことを語る場面などで，勇気を出して自分の悩みや秘密を話した児童には，言い損にならないように，そういう場合はどうしたらよいかなどを話し合い，学級への信頼感を高めます。
② 「私の悩み」という題で，無記名で短い作文にし，学級だけの秘密にしてみんなで解決方法を考えます。その際，非承認群や不満足群の児童の悩みを取り上げ，級友の共感的な発言を促すようにします。
③ 国語で，短い文章の内容を身振り手振り表情を使って表すゲームをします。よかったところなどを検討しあいます。
④ 素直な感情表出を認め，大事にします。あたたかい言葉かけや行動を，教師が即座に取り上げ児童に紹介し，相手にどんな気持ちだったかを発表させます。

教師のリーダーシップ

① 学級生活不満足群の児童にかかわり，受容的に聞き，彼らの不満を学級全体で解決できるように援助していきます。
② 学級のきまりを児童が学級で安心して過ごせるためのきまりにし，児童の話し合いによって決めさせていくようにします。

エクササイズ　すごろくトーキング

インストラクション&モデリング	留意点
教師の教示＝●子どもの反応・行動＝☆	
●最近みんなが前よりも仲よくなったように感じて，先生は嬉しいです。今日の活動を通して，もっと友達のことを知って仲よくなってほしいと思います。 ●「すごろくトーキング」というゲームをやりたいと思います。いままでの活動で，みんな話の仕方や聞き方が上手になってきていると思います。今日は，そのことを意識して友達と話をすることを楽しんでください。 ●いつもの生活班のグループになって座ってください。 ●やり方を説明します。普通のすごろくと一緒で，さいころの出た目の数だけ進みます。違うところは，止まったマスに書かれているテーマについて自分の考えをみんなに話すところです。みんながゴールしたら終了です。 ●そのとき，あまり大きな声で話すと隣のグループに迷惑になるので小さな声で話します。そのかわりジェスチャーを使ったり，表情も工夫して，自分の伝えたいことを友達に伝えるようにしましょう。 ●ルールは，友達の秘密はほかのグループの人には話さないこと，素直に自分の気持ちを表すこと，メンバーにやさしい聞き方・話し方を心がけてください。内緒だからといって，陰口を言うのではありません。自分のことで大勢の前では言えないことを友達を信じて話してみましょう。 ●それでは始めに，私がみんなの前で内緒話をします。ほかの人には言わないでください。私が小さいころ，すごくはやっていたおもちゃがあって，友達と奪い合いながら遊んでいたんです。ところがそのおもちゃが壊れてしまいました。そのおもちゃを壊したのはじつは私なんです。自分が壊したと言えなかったこと，そして大事なおもちゃを壊してしまった残念な思いを，いまでもときどき思い出します。このような感じです。	●慣れてきたらグループのメンバーをくじで決めてもよい。 ●失敗談などを教師が身振り手振りを使ってモデルを示す。
エクササイズ	
●では始めます。リーダーは，さいころとシートを取りに来てください。 ●さいころを振ってマスに書かれているテーマを話してください。「私の秘密」というマスにあたった人は，大勢の人には言えないことをメンバーに話します。ただし，無理にほかの人に話したくないことを話すことはないです。みんながよくする内緒話だと思ってください。ゴールした人から終わりとなります。リーダーから始めて時計回りに進みましょう。	●「私の秘密」についての説明をする。
シェアリング	
●では，今日の感想をグループ内で話し合います。次の4つのことについて話し合ってください。1つめは，だれの聞き方が嬉しかったか。2つめは，だれのジェスチャーがわかりやすかったか。3つめは，自分の秘密を話して感じたこと。4つめは，友達の話を聞いて感じたことについてです。 ●初めに自分の感想を言って，次に言う人を指名してください。「○○さんの感想が聞きたいです」と言って次の人に回します。次の人も同じように回してください。では最初にゴールした人から始めましょう。	●ゴールした人から発表させ，次の発表者を順に指名していく。

すごろくトーキング

スタート →

- こわかった経験
- 食べ物の好き嫌い
- 私の秘密
- 心に残るプレゼント
- 将来の夢
- 心配なこと
- 手に入れたいもの
- 好きな動物
- 出た目だけ戻る
- 私の秘密
- 好きな芸能人
- 放課後何をするか
- 好きなスポーツ選手
- 教科の好き嫌い
- 家族について
- いまいちばん楽しみにしていること
- 私の秘密
- おこづかいについて
- ビックリしたこと
- 一億円が手にはいったら何に使いますか
- スターへ
- こわいもの
- この1年間でいちばんハッピーだったこと
- いまの気持ち
- 私の秘密
- 好きなテレビ番組
- ほめられたこと
- 親友について
- 3歳のころの自分について
- この前の日曜日にしたこと
- 出た目だけ進む
- 私の秘密
- やりたい職業
- 好きな音楽
- 得意なこと
- 心に残っている本
- いちばんこわい人
- いまほしいもの
- 好きなアニメ

→ ゴール

結果の様子（2月）

　学級に笑いが絶えないくらいに明るい雰囲気になってきました。正月に学級の児童から年賀状がたくさん送られてきて，「学級がとっても楽しい」という内容が多く，とても嬉しく思いました。

　冬休みがあけると，学級のレク係が私には内緒で「新年会」の計画を立て，学級の話し合いで満場一致ですることにしました。好評だった「すごろくトーキング」を行ったり，「ジェスチャーゲーム」を楽しんだりしました。どの子も会を盛り上げていたように思います。

　消極的だった児童も，友達に支えられながら，得意な面を発揮して活躍する場面が多くなってきたのも嬉しいことです。あと1カ月で修了式を迎えます。最近はこの学級の担任として，誇りさえもつようになりました。

学級満足度分布（2月）

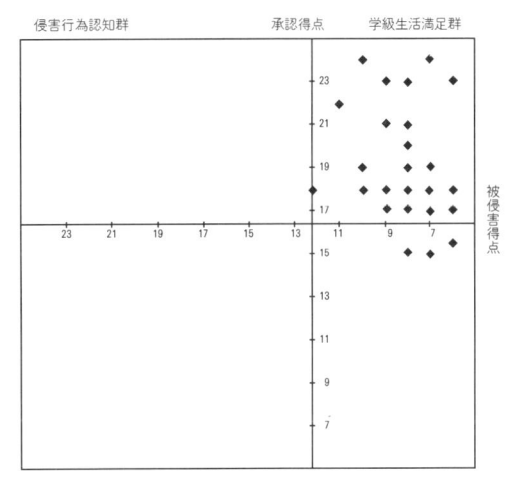

スキル得点グラフ（配慮のスキル） 67.4

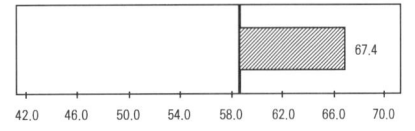

スキル得点グラフ（かかわりのスキル） 42.5

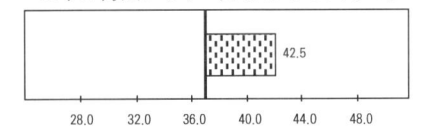

※ 棒グラフの始点は平均値を表します。

アセスメント

- ほとんどの児童が学級生活満足群にプロットされています。児童にとって，居心地のよい理想的な学級であるといえます。
- まじめな生活態度を中心に児童を評価していた担任の先生でしたが，先生の求める児童像が，先生自身の変容とともに変わっていったような気がします。児童と先生の相性がとてもよくなった事例といえるでしょう。児童が中学年の子どもらしい本来の姿に変容したのではないでしょうか。

6 騒然とした荒れたクラス

(学年：6年生，介入：5～3月)

目的地① 学級は，楽しいところだという雰囲気づくりをする
目的地② 学級で，安全に過ごせるようなルールのある学級経営をめざす
目的地③ 安心してかかわり合える学級経営をめざす

実践の概要

■担任の様子

F先生（男性）は，教員生活16年目になるベテランです。これまでにも問題のある学級を何度も担任し，そのたびに建て直しをしてきた学級づくりの上手な先生です。しかし，今回担任となった6年生は，これまでのどの学級とも違い，想像以上に荒れていました。学級経営の見通しがもてず，非常に苦労しました。同時に教師としての自信を失いかけ，自分の蓄積してきたものがすべて否定されるような気えしていました。

コンサルテーションによって，「自分一人で何でも解決しよう」「何から何まで完璧にしなければならない」といったいままでの思い込みを捨てることなどを確認しました。また，F先生は，自ら教員集団で取り組んでいくように周りの職員に働きかけました。すべてをしなければならないという重荷から開放され，一つずつ簡単な目標を立てて取り組むことができました。

また，一人一人とのコミュニケーションを大切にしたことで，暴力的な子どもと信頼関係が生まれ，級友とけんかをする場面でも，F先生が入れば興奮を静めるようになりました。

■学級の様子

この学級は1年生のときから騒然としており，担任も毎年変わっていました。ストレスのために年度途中で担任が変わることもあったそうです。授業中は，子どもたちが立ち歩き，かと思えば，暴力を振るわれて泣いている子どももおり，殺伐とした雰囲気の中，毎日が過ぎていきました。集団ゲームを取り入れる試みも，ルールを守れない子どもが多く，ゲームとして成立せず，失敗に終わっていました。

F先生へのコンサルテーション後，もう一度いちからやり直すつもりで，いわゆる「再契約法」をし，一つずつ簡単な取組みをしていき，学級の児童と成就感を味わうことができました。

認め合う活動を多く取り入れたことで，承認されている意識が高まり，児童同士の交流がみられるようになってきました。

暴力的な児童が，先生に信頼を寄せることで，精神的に落ち着き，それが学級の落ち着きにもつながったようです。

最終的に目に見えるほどの落ち着きは取り戻せませんでしたが，学級全体で簡単なゲームを楽しむ程度の活動はできるようになりました。

児童の表情も明るくなり，学級が安心して過ごせる場になっていきました。

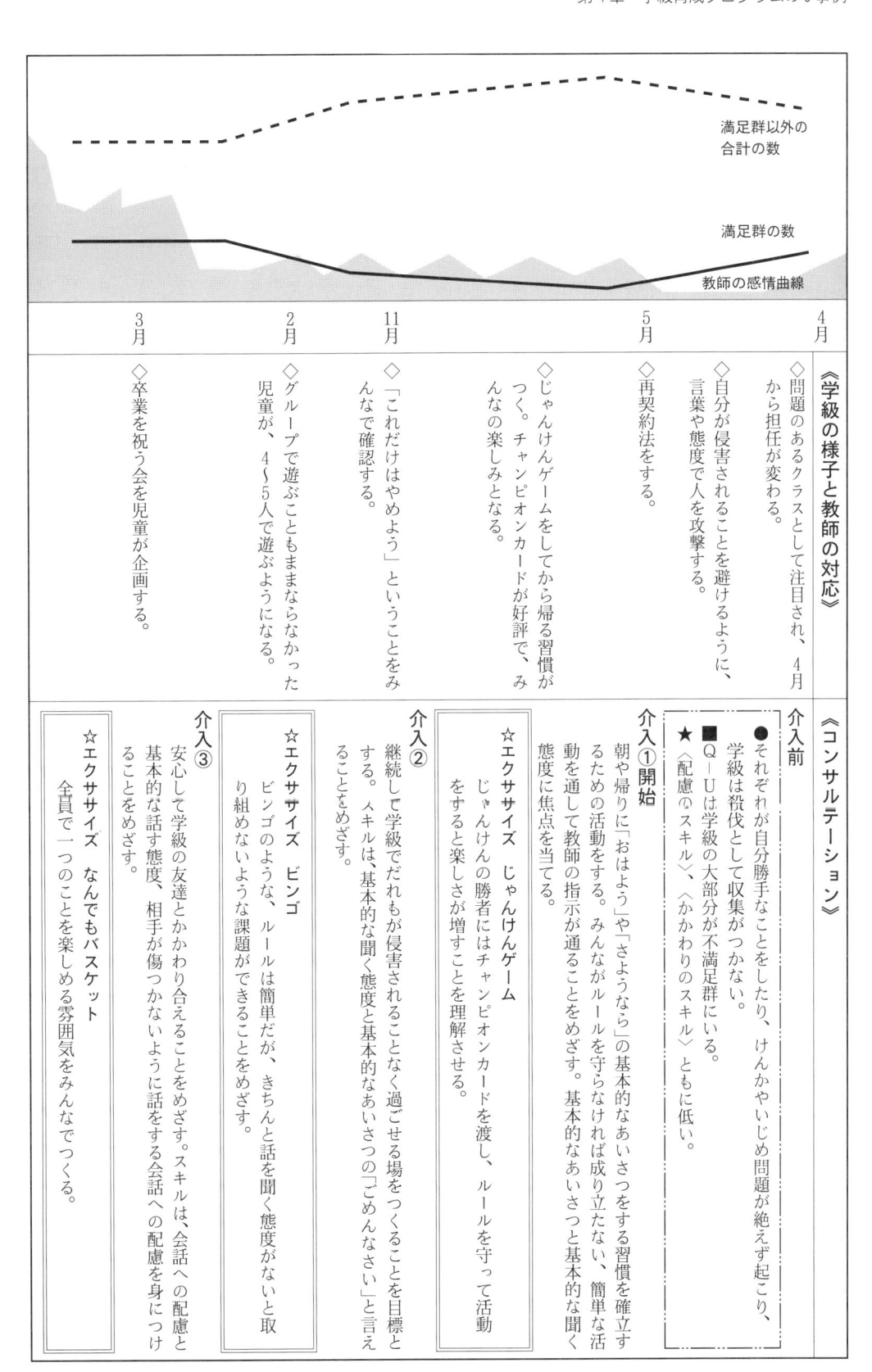

第4章　学級育成プログラムの6事例

時期	《学級の様子と教師の対応》	《コンサルテーション》
4月	◇問題のあるクラスとして注目され、4月から担任が変わる。	**介入前** ●それぞれが自分勝手なことをしたり、けんかやいじめ問題が絶えず起こり、学級は殺伐として収集がつかない。 ■Q-Uは学級の大部分が不満足群にいる。 ★〈配慮のスキル〉、〈かかわりのスキル〉ともに低い。
5月	◇再契約法をする。 ◇自分が侵害されることを避けるように、言葉や態度で人を攻撃する。	**介入①　開始** 朝や帰りに「おはよう」や「さようなら」の基本的なあいさつをする習慣を確立するためのの活動をする。みんながルールを守らなければ成り立たない、簡単な活動を通して教師の指示が通ることをめざす。基本的な聞く態度に焦点を当てる。 ☆エクササイズ　じゃんけんゲーム じゃんけんの勝者にはチャンピオンカードを渡し、ルールを守って活動をすると楽しさが増すことを理解させる。
11月	◇じゃんけんゲームをしてから帰る習慣がつく。チャンピオンカードが好評で、みんなの楽しみとなる。 ◇「これだけはやめよう」ということをみんなで確認する。	**介入②** 継続して学級でだれもが侵害されることなく過ごせる場をつくることを目標とすることをめざす。スキルは、基本的な聞く態度と基本的なあいさつの「ごめんなさい」と言えることをめざす。 ☆エクササイズ　ビンゴ ビンゴのような、ルールは簡単だが、きちんと話を聞く態度がないと取り組めないような課題ができることをめざす。
2月	◇グループで遊ぶこともままならなかった児童が、4〜5人で遊ぶようになる。	**介入③** 安心して学級の友達とかかわり合えることをめざす。スキルは、会話への配慮と基本的な話す態度、相手が傷つかないように話をする会話への配慮を身につけることをめざす。
3月	◇卒業を祝う会を児童が企画する。	☆エクササイズ　なんでもバスケット 全員で一つのことを楽しめる雰囲気をみんなでつくる。

グラフ凡例：満足群以外の合計の数／満足群の数／教師の感情曲線

新学期の様子（4月）

　この4月の人事異動により，どの教員も引き受けたがらなかったこの学級の担任となりました。殺伐とした雰囲気で，ほっとすることができず，落ち着いて授業を展開することができません。

　暴力的な男子児童が，毎日のように友達を殴っては泣かせており，それに対して，周りの児童が何もできない状態です。授業がうまく成立しない状態が3年も続いているせいもあり，学力も低い状態です。

　女子は「○○死ね」などのいたずら書きをするなど，陰湿な行動が目立ちました。学級が騒然としており，児童が烏合の衆と化しています。

　教師になって16年，数々の問題ある学級を担任し，何とか乗り越えてきましたが，この学級はこれまで受けもったどの学級よりも，数段手ごわいと感じました。

学級満足度分布（4月）

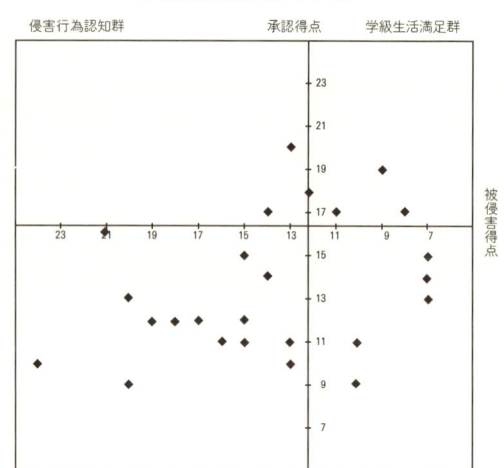

侵害行為認知群　　承認得点　　学級生活満足群

被侵害得点

学級生活不満足群　　　　　　　非承認群

スキル得点グラフ（配慮のスキル）
41.5

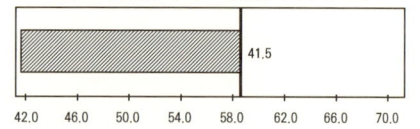

スキル得点グラフ（かかわりのスキル）
25.2

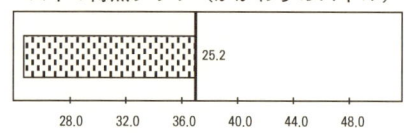

※　棒グラフの始点は平均値を表します。

アセスメント

- 子ども同士のあたたかい人間関係，教師と子どもの信頼関係が希薄です。
- ルールが確立していないので，児童の最低限の行動を支える枠がなく，教師の一貫性のない叱責や注意は効力がありません。
- 見通しがもてない学級生活の不満や不安を解消するために，その場その場での刹那的，享楽的な楽しさを求めています。授業中の騒ぎの原因もここにあります。
- まじめな児童や気の弱い児童は，つねにいじめのターゲットにされていることが多く，不登校になる可能性も高いです。

介入前の様子（5月）

騒然とした雰囲気に困っています。指示が通らない，授業中に立ち歩く，暴力を振るわれて泣いている子が毎日いる，そんな状態です。

緊張をほぐすために，集団ゲームを数多く取り入れましたが，ルールを守らない子どもが多く，ゲームになりません。生活班のリーダーを集め，リーダーを動かしてみようと試みましたが，子どもたちがリーダーの指示に従わずに，自分勝手な行動が目立ちました。

数人の男子の暴力行為でいじめられる状況は変わりません。暴れる子どもを私が体を張って止めている間に，周りの子は好き勝手なことをしているような収拾のつかない状況になることも多くあります。

まじめに生活しようとする子どもも私への不信感を訴えるようになりました。何をやっても手ごたえがなく，何から手をつけたらよいか途方にくれています。

学級満足度分布（5月）

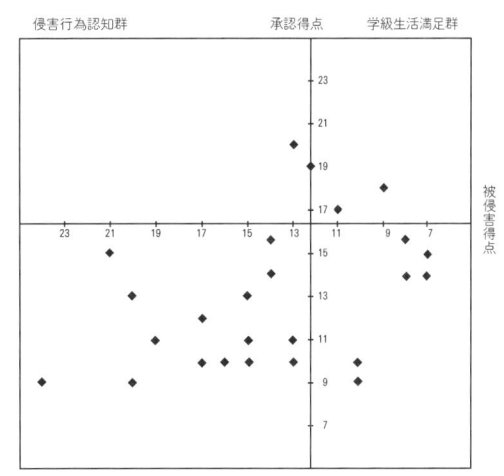

侵害行為認知群　　承認得点　　学級生活満足群

学級生活不満足群　　　　　　　非承認群

スキル得点グラフ（配慮のスキル）　40.3

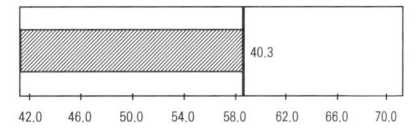

スキル得点グラフ（かかわりのスキル）　24.7

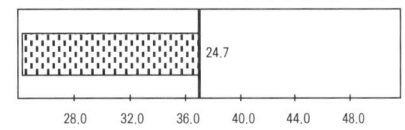

※ 棒グラフの始点は平均値を表します。

アセスメント

- この学級は低学年から無法的な状態のなかで，無力感が高まり，学級集団への所属感や学級生活に対する満足感が低い状態にあります。「担任が替わっても，自分たちはどうにもならない」というようなあきらめを感じているのかもしれません。しかし，子どもは救世主を求めているに違いありません。これまでの学級状態をリセットして，新たな気持ちで確実にできることからやり始めることが必要ではないでしょうか。
- 学習習慣が確立していないのに加えて，学習に対する意欲が低い状態にあります。一斉指導での授業は成立しないでしょう。個別に確実に基礎的な学習内容を身につけさせる必要があります。
- 友達や先生の話を聞いたり，友達を傷つけないように話したりするなどの人とかかわる基本的なスキルが確立していません。

介入①

目的地①

学級は、楽しいところだという雰囲気づくりをします。

ターゲットスキル

- 基本的なあいさつ（何か失敗したときに「ごめんなさい」という）
- 基本的な聞く態度（ひやかさずに聞く）

方法

簡単で全員で楽しめる活動を行います。

●エクササイズ〔じゃんけんゲーム〕
ポイント

①「このままでは学級にいても楽しくないこと、一人一人の力を借りていい学級をつくりたい」旨を手短に率直に話します。
②教師がじゃんけんのリーダーになり、リーダーに3回勝ったら、チャンピオン、チャンピオンに2回なったらグランドチャンピオンになり、なった子には全員の前で、「好きなこと、得意なこと」を発表してもらい、全員で拍手をします。
③学級目標を印刷したグランドチャンピオンカードを作り、名前と好きなこと得意なことをその場で教師が書き手渡します。
④日によってルールを変え、帰りの会では、「勝ったらさよならと言って帰る」など、ルールを意識させつつ楽しませます。

転移

①現在の学級の状態を打破するのはむずかしいので初めから学級を再編成するつもりで、「再契約法」を行います。まず、子どもたちから無記名で、現在の不満や「これだけはやめよう」といった内容を記述してもらい教師がそれをまとめて、学級の児童に読んで聞かせ、内容を板書します。教師に対する不満はできるかぎり受容し、改めることを約束します。学級の問題はどれから解決していくかを全員で確認し、一つを当面の目標にします。
②1日に1回は楽しいゲームやクイズをすることを約束し、教師主導型で単純なルールを設定して行います。
③学習権の保障をします。一斉学習はできにくい状態なので、個別対応を中心にした学習を展開します。プリントなどの作業学習を多くし、教師が1対1でそのがんばりを認めながら評価します。児童が作業に飽きてきたころに「プリントを集中してがんばったね。先生もちょっと疲れたのでクイズを出すよ」と、その授業に関係のあるクイズを出します。
④個々への援助の時間を設けます。放課後など、担任と教育相談担当の教師が時間を設定して相談に乗ります。とくに、いじめられている子や不登校になりかけている子からの相談、学級への不満を受けとめる、居場所のないまじめな子たちの気持ちを聞く、悪さをする子の居場所をつくるなどが、おもなねらいです。

教師のリーダーシップ

①暴力行為に対しては、毅然とした態度をとります。個別対応を多くし、暴力的な児童へのケア、不満足群を中心にした児童への相談活動を行います。
②お礼や、返事などに肯定的な評価を与え、教師もできるだけたくさんの児童に笑顔で応えるようにします。
③「話し方がとてもあたたかくなってきたね」とさりげなくフィードバックします。

第4章 学級育成プログラムの6事例

エクササイズ	じゃんけんゲーム

インストラクション	留意点
教師の教示＝● 子どもの反応・行動＝☆	
● 6年生になって，1カ月が過ぎますが，みんなは，毎日楽しい学校生活を送っていますか。いまの学級がすごく楽しいと感じている人はいますか。先生は，楽しいと思えません。このままの学級では，楽しいと感じられない人がいるのは確かだと思います。先生は，みんな一人一人の力を借りて，いい学級をつくりたいと思っているんです。 ● 今日から1日1回，みんなで楽しいことをやってみようと思います。今日は「じゃんけんチャンピオン」というじゃんけんゲームをします。 ● みんなと先生がいっせいにじゃんけんをして，3回連続で勝った人がチャンピオンです。2日間チャンピオンになったら，グランドチャンピオンになれます。わかったかな。	● 教師の率直な意見を入れながら，このままではいけないと思う，ということを話し，動機づけをする。

エクササイズ

● では，最初に練習をします。いいかな。みんなで先生と一緒に声をかけ合ってじゃんけんをしましょう。「じゃん，けん，ぽん！」 ● はい，勝った人。負けた人。あいこだった人。（それぞれ手をあげさせる） ● みんな，なかなかやるね。みんな，やり方はわかったかな。では，本番いきます。はい，じゃん，けん，ぽん！（3回続ける） ● はい，3回続けて勝った人は，立ってください。 　☆何人か立つ ● すごいね！　いま立っている人たちが，今日のチャンピオンです。みんなで拍手しましょう。 ● もう1回チャンピオンになったら，グランドチャンピオンになります。グランドチャンピオンになったら，全員の前で「好きなこと・得意なこと」を発表できます。その人には，グランドチャンピオンカードを渡そうと思います。今日，チャンピオンになれなかった人も，2回チャンピオンになれば，グランドチャンピオンになれます。みんなグランドチャンピオンをめざしてがんばりましょう。	● みんなで声をかけ合って，やることで一体感をもたせるようにする。 ● 教師は，大きな声とアクションで，モデルを示す。 ● グランドチャンピオンになると，カードがもらえるという報酬をつけて，児童の動機づけを図る。

途中経過の様子（11月）

あいかわらず騒然とした雰囲気に困っていますが，個別に指示を与えると，快く指示に従おうとする児童が増えてきました。

再契約法を行ってから，子どもたちと「これだけはがんばろう」という簡単な目標を立てて取り組んでいます。

授業中に立ち歩いたり，暴力を振るわれて泣いている子もまだいますが，放課後などに相談に乗ると，落ち着きを取り戻し，明るい笑顔を見せるようになってきました。

個々で取り組めるプリントなどの作業学習を多く取り入れることで，一人一人とのコミュニケーションがとれるようになったばかりでなく，作業中には，落ち着いて取り組む姿が少しずつ見えてきました。

しかし，暴力を振るう数人の男子と，仲間はずれやいじめを行っている数人の女子のグループには，いまだにてこずっています。トラブルがあると，個別に話し合いますが，素直に話を聞かず，反抗的な態度を見せます。授業中もちょっかいを出したり，悪口をいったりするなどの行動が見られます。

私となんとなくいい関係になってきた子どももたしかに増えてきましたが，この数人の子どもの振る舞いで，学級の雰囲気が台無しになってしまうことがよくあります。

学級満足度分布（11月）

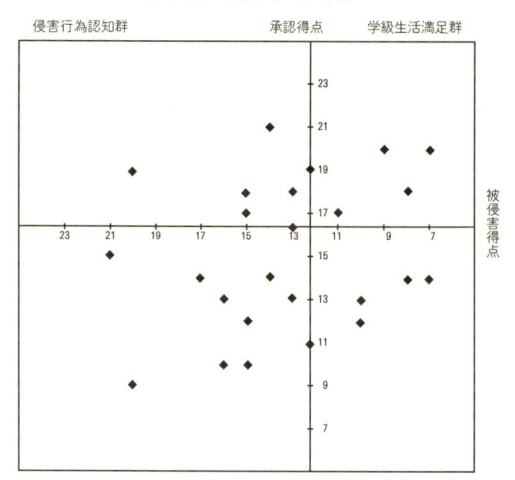

スキル得点グラフ（配慮のスキル）　48.4

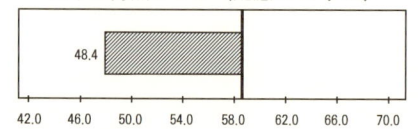

スキル得点グラフ（かかわりのスキル）　31.5

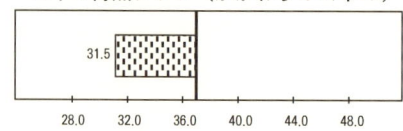

※　棒グラフの始点は平均値を表します。

アセスメント

- 担任教師が一人一人にていねいにかかわり，認める活動を多くしたことで，認められている思いが高まったと考えられます。
- しかし，反抗的な児童へは，問題行動が起きたときに相談活動をすることが多く，依然として教師に対して反抗的な態度になってしまうことが推察されます。
- 教師との関係は少しずつよくなってきていますが，友達同士で，お互いに配慮するスキルが未熟だと思われます。

介入②

目的地②

学級で，安全に過ごせるようなルールのある学級経営をめざします。

ターゲットスキル

- 基本的なあいさつ（何かしてもらったときに「ありがとう」と言う）
- 基本的な聞く態度（話を最後まで聞く）

方法

ルールを守ることを意識させ，明るい雰囲気のエクササイズを行います。

●エクササイズ〔ビンゴ〕

ポイント

①あいさつが明るくなり嬉しい。さらに学級の向上を図るため，友達や先生の話をよく聞いてビンゴをしようと提案します。
②内容は，「給食のメニュー」など児童が簡単に書けそうなものとし，あらかじめ例を紙に書いておき黒板にはります。
③1回で発表し1回で聞けるよう，静まってから発表することをルールとします。
④「ビンゴ」といったら全員で「おめでとう」と言い，それに対して「ありがとう」と言います。これをリズムよく行います。
⑤楽しかったことを中心に感想を書かせ，友達にかかわることを選んで学級通信に掲載します。振り返りは集団ではまだできないと思うので，カードに書かせ，学級通信で紹介します。通信は帰りの会に個々に配布し読む時間を確保します。

転移

①学習プリントでもビンゴなどのゲーム的なものを取り入れ，授業にも生かします。
②まだ，一斉の学習はできにくい状態なので，継続して個別対応を中心にした学習を展開します。社会の問題作りを個別にやらせ，出題者が答え合わせをする方法も，認められたという思いが高まり有効です。簡単な課題などは，ルールを決めて2～4人の小グループでの活動を取り入れ，友達同士のかかわりを促進します。グループ活動に参加がむずかしい児童には教師が積極的にかかわります。
③社会のプリントなどでは，それぞれの児童に5問テストを作成させ，全員分印刷して毎日一人ずつ行います。解説や回答も教師が援助しながら出題者が行います。
④終わりの会などで，今日のよかったことや嬉しかったことなどを発表させます。
⑤保健の授業単元「心の発達」の学習を再度行い，自身を科学的に振り返り，年齢とともに感情の表し方や社会性が発達することを知り，現在の自分を見つめます。少しずつ向上していることを認めながら，これからの意欲づけにするのです。

教師のリーダーシップ

①反抗的な児童に対して，個別に面接を行います。「最近落ち着いているね。何か考えるところでもあったのかい」と少しの向上もしっかり取り上げ，意識づけを行い，見通しをもたせるようにします。
②休み時間に暴力的な児童にもかかわり，体を動かす遊びに教師が参加して楽しみます。先生がガキ大将になるくらいの気持ちで児童にかかわっていきます。
③トラブルがあったとき，原因や対処の仕方について教師とともに話し合い，別の対処法があることなどに気づかせます。

| エクササイズ | **ビンゴ** |

インストラクション　　　　　　　　　　　　　　　　　　留意点

教師の教示＝●　子どもの反応・行動＝☆

- ●最近，この学級でのあいさつがとても明るくなってきて，先生はとても嬉しいです。ただ，もっと学級の雰囲気をよくするためには，友達や先生の話をよく聞くことが大切だと思います。そこで，今日は1回で友達の話をよく聞くことを目標にして，「ビンゴ」ゲームをしようと思います。
- ●今日やるのは，好きな給食メニュービンゴです。給食にはいろいろなメニューがありますが，みんなが好きなメニューはなんですか。たとえば，○○君，好きな給食メニューはなんですか。
- ☆「カレーうどんです」
- ●なるほど。なかなかしぶいですね。ちなみに先生が好きな給食メニューは，「きんぴらごぼう」「トン汁」「ハンバーグ」「りんごシャーベット」です。ほかにもみんなが好きな給食メニューがあると思います。いまからビンゴシートを配るので，それをビンゴシートに書いて，マスを埋めてください。マスを埋める時間は，5分です。話さないで，黙って書きましょう。

●前を向いて一人一人で活動をさせる。

●一人でマスを埋められない児童のために，あらかじめいくつかの例を提示する。

エクササイズ

- ●書き終わりましたか。それでは，いまから，一人一人に発表してもらいます。先生があてますので，あてられた人は，自分が好きな給食メニューをみんなに教えてください。みんなと好きなものが同じなら，早くビンゴになれるかもしれませんね。先生に「好きな給食メニューはなんですか」と聞かれたら，元気に「○○です」と答えてください。発表する人はみんなに1回で聞こえるように大きな声でいってください。聞く人は，1回で聞き取れるようにしてください。
- ●約束が2つあります。一つめはあと一つでビンゴになるときは手をあげて，「リーチ」と言ってください。二つめは，ビンゴになったら，立ち上がって，「ビンゴ」と言ってください。
- ●ビンゴになった人は，そのビンゴの列の項目を読み上げてください。あっていたら，みんなで声をそろえて「おめでとう」といいます。ビンゴになった人は，「ありがとう」とリズムよく言ってください。
- ●では，△△さん，△△さんの好きな給食メニューはなんですか。
- ☆「ハヤシライスです」「当たったー」「あっ，それかー」
- ●では，次の人いきます。□□君，□□君の好きな給食メニューはなんですか。（以下同じように続けて，ビンゴが出る）
- ●◇◇さんが，ビンゴになりました。みんなで「おめでとう」といいます。みんなに言われたら，◇◇さんは「ありがとう」と言ってください。では，みんなで，声を合わせて，さんハイ。
- ☆「おめでとう」「ありがとう」

●短いセンテンスで，はっきりと言うなど，教師自身がモデルを示す。
●書かせる内容は，児童が簡単に書けそうなものにする。
●ルールを紙に書いてはるなどし，徹底させる。

●時間があるときは，何人かがビンゴになるまで続ける。

シェアリング

- ●では，ビンゴシートの下にある振り返りの欄に，一人一人今日の感想を書いて提出してください。

●あとで，学級通信などにまとめて配布する。

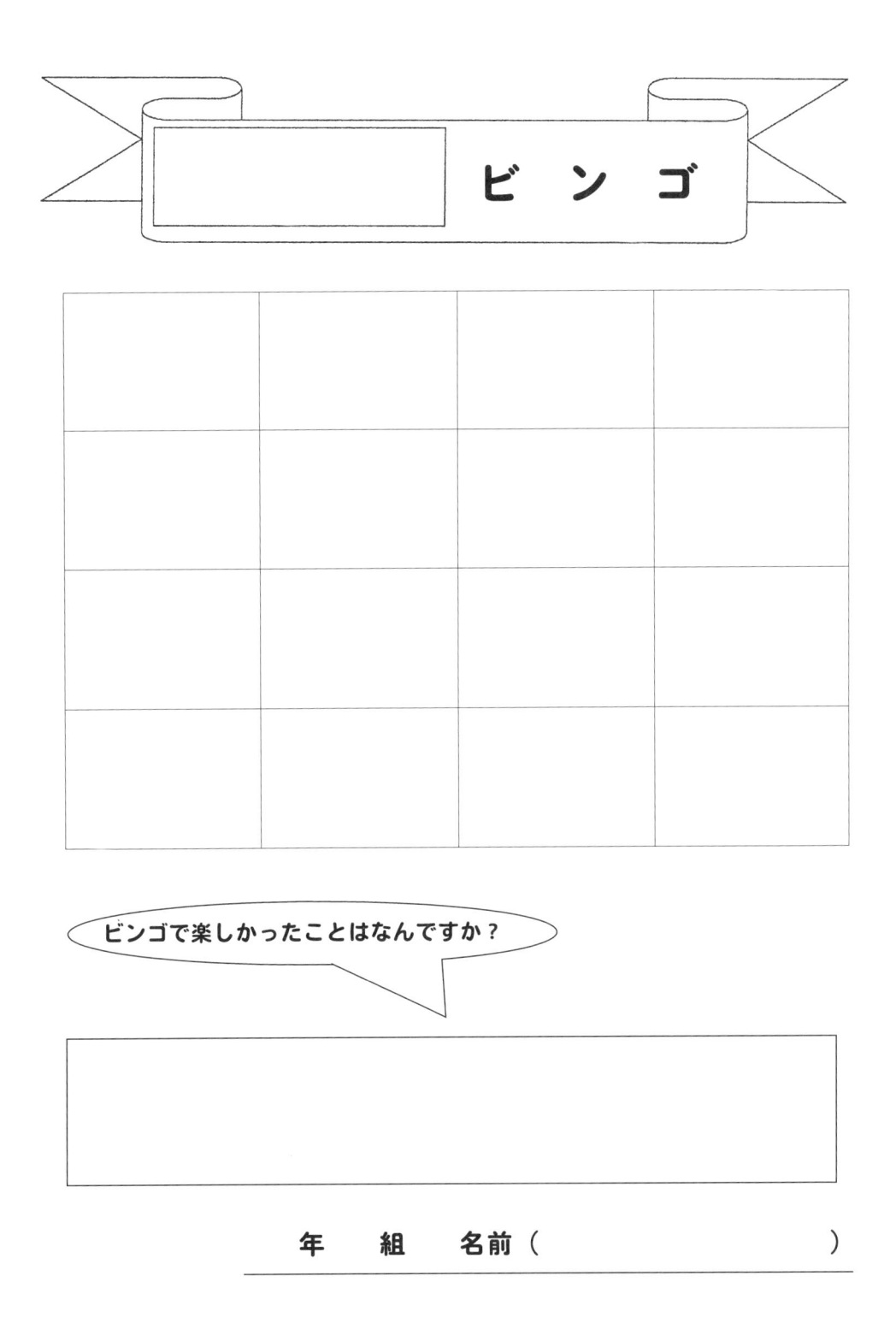

第4章 学級育成プログラムの6事例

　　　　　　□□□□　ビ　ン　ゴ

（ビンゴで楽しかったことはなんですか？）

　　　　年　　　組　　名前（　　　　　　　　　　　）

途中経過の様子（2月）

学級全体の騒然とした雰囲気がおさまり，友達や教師の話を聞くようになってきました。

暴力的な児童は，積極的にかかわったためか，私に「勉強がわからない」「お父さんがぼくのことをひどく殴る」などの悩みをとつとつと打ち明けるようになってきました。私も，彼の話を聞いているうちに彼のつらさを共感できるようになった気がします。現在は，けんかがあっても，私がおさえると，興奮を静めるようになってきました。

また，休み時間などは，男子がサッカーを集団でするなど，かかわり合いが見えてきました。女子の陰湿な行動も少なくなりました。あと1カ月「自分たちにもいいところがある」「学級のみんなでいると楽しい」という思いをもたせて，中学校へ送り出したいと考えています。

学級満足度分布（2月）

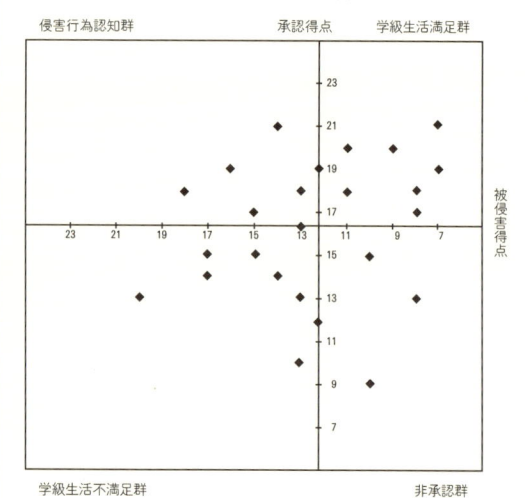

侵害行為認知群　承認得点　学級生活満足群

被侵害得点

学級生活不満足群　非承認群

スキル得点グラフ（配慮のスキル）
54.1

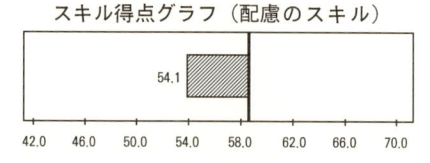

スキル得点グラフ（かかわりのスキル）
35.1

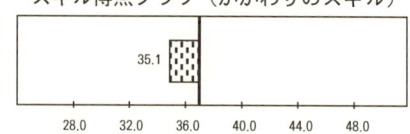

※ 棒グラフの始点は平均値を表します。

アセスメント

- 友達同士で認める活動を多くしたことで，さらに承認得点が高くなったと考えられます。
- 暴力行為が減少し，おだやかな雰囲気になってきたために安心して学級生活を送れる児童が増えたと考えられます。
- 教師との関係，男子間の関係はよくなってきていますが，女子児童のお互いの〈かかわりのスキル〉が不足しています。友達の中に入っていったり，友達を誘ったりするような積極的な〈かかわりのスキル〉が必要だと考えられます。

介入③

目的地③

安心してかかわり合える学級経営をめざします。

ターゲットスキル

- 会話への配慮（相手が傷つかないように話をする）
- 基本的な話す態度（相手に聞こえるような声で話す）

方法

ルールを守って，楽しさを共有できるエクササイズを行います。

●エクササイズ〔なんでもバスケット〕

※指導例は47ページ参照

ポイント

①条件はすべてカードに記入しておき，それを大きな声で読み上げるようにします。
②条件を最後まで聞いてから動き始めることを徹底します。
③隣同士では動かないようにさせ，多くの児童と隣同士になるように構成します。
④シェアリングカードは「楽しかった」「嬉しかった」などの項目を書いたものを用意し，色を塗るだけのものにします。

転移

①問題だった男子児童については担任が引き続き，援助していきます。教師自身がつらかったことを打ち明けながら，リレーションをさらに深めていきます。
②一斉学習ができるようになってきたので，一つの課題を全員で取り組むような授業を構築していきます。学力差が表れるものではなく，個々のよさを発揮できる作業を取り入れた活動が望まれます。
③卒業をみんなで祝う会を教師と実行委員会で企画します。できるだけ多くの係をつくり，すべての児童が行事に主体的に参加できるようにします。内容は自分たちの成長をテーマにし，どんなところがよくなったのか，どんな力が育ったのかを簡単なアンケートをとってまとめます。ただ楽しむだけではなく少しの成長を学級で確かめる機会にするのです。
④女子をターゲットにして〈かかわりのスキル〉を訓練します。さまざまな場面で，感情を率直に表現することや，友達を遊びに誘うことなどを具体的に行動を通して訓練します。男子をモデルに使ったり，男女のペアでスキルトレーニングを行ったりして，女子同士で行ったときに起こる抵抗を軽減します。
⑤授業中のグループ学習の最後に，友達のかかわり方で，嬉しかったことを中心に感じたことを発表しあい，自分にとって気持ちのよい態度とはどんな態度なのか気づかせていきます。

教師のリーダーシップ

①指示も命令調にならないようにし，行動を促す調子に変えます。ほめにくいときこそ積極的にほめます。結果だけに着目せず，プロセスを評価します。
②女子のグループと積極的に交流します。子どもが親しみやすい雰囲気を意識してつくり，親しく話せる場を設定します。おだやかな表情，ユーモアや遊び心の表現，自己開示を意識し，日替わりで給食を班ごとに一緒に食べるようにします。
③男子のリーダーに援助しつつ，児童にリーダーシップを発揮させていきます。

結果の様子（3月）

「学習態度がよくなったね」「返事が明るいね」と声をかけると，周りの子もそれを習うようになりました。反抗的な態度や，友達をひやかす言葉がまったくといっていいほどなくなりました。

いま，子どもたちは卒業を祝う会の準備に意欲的に取り組んでいます。「先生，今日の休み時間は私たちだけで卒業を祝う会の準備をするから，先生は来ないでね。絶対だよ」とにやにやしています。ある男の子が「先生内緒だよ。先生に学級のみんなでプレゼントを作っているんだ。楽しみにしていてね」と教えてくれました。

すっかり学級が落ち着いたという状況ではなく，まだまだ問題は山積しています。しかし，子どもたち自身が何かしら明るい希望を抱けるようになったような気がしています。

あれほど暴力的だった男子が「先生，中学校に行っても，先生に会いにきてもいい？」と言ってくれたときには，いままでの苦労が報われたような気がして胸があつくなりました。残り少ない時間，学級はもっとよくなるという希望をもって，学級経営を締めくくりたいと思っています。

学級満足度分布（3月）

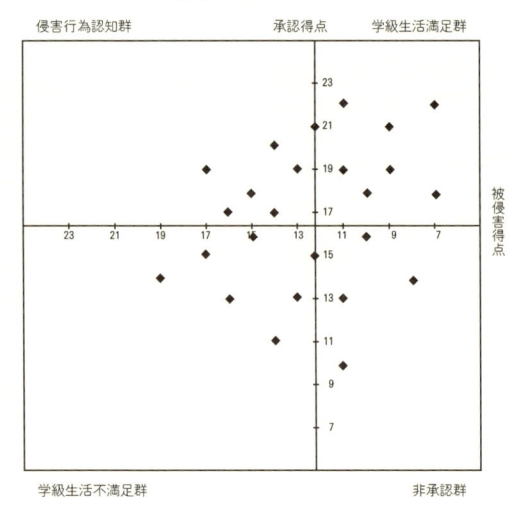

スキル得点グラフ（配慮のスキル）　56.2

スキル得点グラフ（かかわりのスキル）　36.4

※　棒グラフの始点は平均値を表します。

アセスメント

- ●被侵害得点が低くなっています。児童同士のトラブルが減って，安心して過ごせる状況になったと考えられます。
- ●楽しく生活するためのルールやマナーが児童に身についてきたと考えられます。担任の先生への信頼感が高まり，児童が先生をモデルにするようになったのだと思います。とくに暴力的な児童が担任の先生に信頼を寄せ，精神的に安定したことが学級の雰囲気をよくしていった要因だと考えられます。

第4章　学級育成プログラムの6事例

学級集団の状態に応じて集団活動を展開するうえでの目安

学級の状態	リーダーのいるまとまった学級	どこかギスギスした学級	騒がしい学級	グループが対立している学級	おとなしい学級	騒然とした荒れた学級
取り組ませる集団の人数	取り組む課題にふさわしい数（2〜6人）	2〜4人組	2人組位から	2〜4人組	2〜4人組	全体に対して1人（個人）で参加
メンバー構成	さまざまな考えをもつ者同士	考え方が似ている者，仲がよい者同士	対立・葛藤のない者同士	仲のよい者同士（対立・葛藤のない者同士）	対立・葛藤のない者同士	最初は1人，後に対立のない者同士（負の相互作用を生むような小グループは避ける）
ルールやメンバーの役割構成度	自由度が高く子ども主体	自由度より構成度がやや強い	自由度が少なく構成度が強い	自由度より構成度がやや強い	自由度と構成度が半々	トラブルが生じないように強く構成する
活動時間	2時間を活用し，じっくり取り組ませることもできる	20分から30分で一区切りできるもの	10分集中できればよしと考え，そのレベルで短めの取組みを設定	20分から30分で一区切りできるもの	20分から30分で一区切りできるもの	10分集中できればよしと考え，そのレベルで短めの取組みを設定
活動レベル	より高度なスキルアップをめざす	互いのことを相互理解する活動が中心	聞く，話すの基本的なスキルトレーニング中心	互いのことを相互理解する活動が中心	リレーション形成を図る	レクリエーション的なものを題材にし，聞く・話すの基本スキルトレーニング中心
活動内容	グループごとテーマを自主設定し，グループごと活動するような複雑な内容も可能	協力すれば容易に取り組めるレベルのものから，取り組む手続きが簡単なもの				協力すれば容易に取り組めるレベルのものから取り組む手続がとても簡単なもの
活動の際の交流レベル	自分の考えや価値観をぶつけ合える	部分的な感情交流の場がある	役割交流をきっかけにした部分的な感情交流が主である	部分的な感情交流の場がある	役割交流をきっかけにした感情交流が主である	役割交流をきっかけにした部分的な感情交流が主である
特定人物を取り上げる活動	十分可能	やや難，配慮を要する	難あり，侵害行為がおさまるまで待つ	やや難，配慮を要する	可能	難あり，侵害行為がなくなるまで待つ
活動期間	深めの内容を月に何度か	牽制した雰囲気が取れるまで	ルール定着まで短時間で何回も	対立が弱まるまで	リレーション形成ができるまで何度も	教師の指示が通るまで短時間で何回も
教師の教示の強弱	弱い	強い	強い，ルールの徹底のための教示中心	強い	中程度，ルールの説明，感情交流促進のための教示	強い，ルールの徹底のための教示中心
具体的な構成（インストラクション，エクササイズ，シェアリング）	必要最低限のルールで自主的に行動する段階	示した代表例をもとに工夫させる段階，例を参考に自己表現させる	モデルを示し，模倣させる段階，事前に不適切な行動を取り上げ禁止	いくつかのモデルから選択する段階，事前に不適切な行動を明示	リーダーによるインストラクションで自由に行動する段階	モデルを示し，模倣させる段階，事前に不適切な行動を取り上げ禁止
強化	仲間からの言葉による承認	仲よしグループおよび異性からの承認	教師からの肯定的な評価	仲よしグループからの言葉による承認	先生や仲間からの言葉による承認	シール，選択の権利などの報酬

163

あとがき

　学級集団でのグループ体験，集団生活を通して，児童生徒一人一人を育てる。このような学級経営は，まさに心の教育の具現化である。このような学級経営に，構成的グループエンカウンターやソーシャルスキルトレーニングの知見を適切に活用することは，とても有効である。

　しかし，この「適切に」の部分が忘れられ，教師の意欲だけが先行した実践がなされている，ということはないだろうか。

　学級集団の状態を十分に検討しないで，知っているエクササイズを本に書いてあるとおりにやった。有効だといわれている自己主張のソーシャルスキルトレーニングを，まず自分の学級でもやってみた，というぐあいである。その意欲はわかるが，その実践は危険である。学級集団の状態によっては，実施した結果，かえって心が傷つく子どもが出現する可能性があるからである。

　エンカウンターやソーシャルスキルトレーニングは，どんなエクササイズをやったのか，何のトレーニングをやったのかよりも，どのようにやられたのかがより重要である。つまり，WhatよりもHowである。どんなにすばらしいエクササイズでも，実施された学級集団の状態と，展開の仕方によっては，教師の意図に反してマイナスの結果を生む場合がある。

　このような場合のとき，「エンカウンターは効果がない」「ソーシャルスキルトレーニングは子どもがのらない」と批判する人がいるが，私は断じてノーと言いたい。やり方の問題を吟味する必要があるのである。

　グループ体験を教育に生かすことが注目されてきた現在，エンカウンターやソーシャルスキルトレーニングは，やればいいという段階から，どのようにやればより効果的かが問われる段階になってきたと思う。本書がその問いに応える一つの指針になれば幸いである。

　最後に，次の方々に深く感謝したい。私の助成研究に協力していただいた多くの児童生徒のみなさんと先生方。私にグループ体験のすばらしさを教えてくださった國分康孝先生と田上不二夫先生。そして，研究報告をわかりやすく編集してくださった図書文化社の東則孝氏，フリー編集者の辻由紀子氏である。本書が多くの人の目にふれることを願って，筆を置きたい。

　　　　　　　　2001年9月　河村茂雄

執筆・編集協力者

小野寺正己 盛岡市子ども科学館学芸指導主事　上級教育カウンセラー　【4章—4】
　岩手県出身。岩手大学大学院教育学研究科在学中。現場を離れて6年になります。昨年，いつもの大人の研究会ではなく，生の子どもにエンカウンターをやった感覚がまだ忘れられない私です。研究テーマは，児童生徒の自己開示と学級適応。

苅間澤勇人 岩手県立雫石高校教諭　上級教育カウンセラー，学校心理士　【4章—1，3】
　岩手県出身。岩手大学大学院教育学研究科修了。小中高を問わず，学級経営コンサルテーションとエンカウンターの研修会や，教育相談研究会などの講師として岩手県内を駆け回っています。研究テーマは，高校生の進路成熟。高校生の担任をしながら実践研究中です。

根田真江 安代町立安代中学校教諭　上級教育カウンセラー　【4章—2】
　岩手県出身。岩手大学大学院教育学研究科に現職派遣中。エンカウンターを生かした学級づくりに挑戦中です。研究テーマは，教師のバーンアウトとやりがいの検討。研究成果を生かして，教師のサポートも行っています。

藤村一夫 盛岡市立見前小学校教諭　上級教育カウンセラー，学校心理士　【4章—2，5，6】
　岩手県出身。岩手大学大学院教育学研究科修了。教育相談担当者として学級担任とともにエンカウンターを実施し，エクササイズについての検討を行っています。研究テーマは，教師認知と児童認知とのずれ。

武蔵由佳 日本教育カウンセラー協会岩手県支部事務局　【2章　Xさんからの手紙，いいとこさがし，二者択一，四面鏡】
　岩手県出身。岩手大学大学院教育学研究科修了。昨年まで心の教室相談員として中学校に勤務し，現在は河村研究室でティーチング・アシスタントとして活動しています。研究テーマは，大学生の自我同一性地位に影響を与える要因としての達成動機と親和動機の関係についてです。達成動機と親和動機を高めるエンカウンターをめざしています。

戸嶋愛 盛岡スコーレ高校心の相談員　【2章　さいころトーキング】
　秋田県出身。岩手大学大学院教育学研究科在学中。保健室や相談室でも手軽にできるエクササイズにとても興味があります。研究テーマは，大学生のジェンダー・アイデンティティの構造の検討。

中居千佳 玉山村立玉山中学校心の教室相談員　【2章　なんでもバスケット，団結くずし，質問じゃんけん，ブレーンストーミング，ビンゴ】
　岩手県出身。岩手大学大学院教育学研究科在学中。構成的グループエンカウンターと野外活動を中心にグループ体験について研究中です。相談室ではリレーションづくりと生徒の自己理解のためにいろいろなエクササイズを実施しています。

データ収集・整理

粕谷貴志 専修大学北上福祉教育専門学校専任講師，岩手大学大学院修了
佐藤謙二 岩手県三陸町立越喜東中学校教諭，岩手大学大学院修了
岡村美海子 岩手大学教育学研究科在学中

編著者紹介

河村　茂雄（かわむら・しげお）
岩手大学教育学部心理学科助教授
1959年東京生まれ。筑波大学大学院教育研究科カウンセリング専攻修了。心理学博士。
日本カウンセリング学会常任理事，日本教育心理学会理事。

　公立学校教諭，教育相談員，東京農工大学講師を経て，現職。大学では，学部で教育相談，生徒指導，カウンセリング，学校臨床心理学，心理学実習，心の科学を担当。大学院では，教育心理学特論と演習を担当。

　研究室には学部・大学院，研究生合わせて20人の学生を抱え，毎日深夜まで楽しく忙しく活動している。「教育現場に生かせる研究，研究成果に基づく知見の発信」がモットー。
著書：『学級崩壊に学ぶ』『心のライフライン』（誠信書房），『学級崩壊　予防・回復マニュアル』『アンケートＱ－Ｕ』（図書文化）『エンカウンターで学級が変わる』（図書文化・共著），『人間関係に活かすカウンセリング』（福村出版・共編著）ほか多数。

研究室紹介

河村研究室（教育心理学講座）

　日本教育カウンセラー協会岩手県支部の窓口もかねており，次のような形で学校現場と連携をとりながら，研究を続けている。

①出張エンカウンター

　依頼のあった小・中・高校の学級に大学院生がチームを組んで出向き，児童生徒たちに実際にエンカウンターを実施している。もちろん，予約時に調査をして，学級集団分析を行ってからの実施である。

②学級経営コンサルテーション

　学級経営について悩んでいる教師を対象に，大学院生たちがＱ－Ｕを用いて学級経営のコンサルテーションを個別に実施している。

③出張講師

　依頼を受けた学校の校内研究，地区の教育会の研究会，県や市町村の教育委員会主催の研究会などに出向いて，学級集団の理解と対応，エンカウンターについて，大学院生たちが講師を務めている。

④教師相談

　毎月第２（or４）土曜日の１日は，河村が教師相談の窓口を開いている。最近は管理職からの相談が増えている。

⑤事例研究会

　毎月第２火曜日の夜７時から２時間，県内の教育相談担当教師，養護教諭，スクールカウンセラーの方々と事例研究会を実施している。

　その他，カウンセリング，教育心理学特論の講義は教師，教育関係者に開放しており，夜７時からの開始である。

育てるカウンセリング実践シリーズ2

グループ体験による

タイプ別! 学級育成プログラム 小学校編
ソーシャルスキルとエンカウンターの統合

2001年10月20日　初版第1刷発行 ［検印省略］
2013年 6 月10日　初版第11刷発行

編　著	ⓒ河村茂雄
発行人	村主典英
発行所	株式会社 図書文化社
	〒112-0012　東京都文京区大塚1-4-15
	TEL. 03-3943-2511　FAX. 03-3943-2519
	振替　00160-7-67697
	http://www.toshobunka.co.jp/
イラスト	鈴木真司
装　幀	田口茂文
印刷所	株式会社 高千穂印刷所
製本所	株式会社 駒崎製本所

乱丁・落丁本の場合はお取り替えいたします。定価はカバーに表示してあります。
ISBN978-4-8100-1355-9

学級状態に応じる実践のシリーズ

● 授業に生かす！

授業スキル
学級集団に応じる授業の構成と展開

河村茂雄ほか 編著　　　　　B5判　定価：各2,300円＋税

[小学校編] [中学校編]

学級状態によってベストの授業は違ってくる。学級状態の見極めと，それに応じた授業展開の秘策のすべて。

学級タイプ別 繰り返し学習のアイデア
漢字・計算・音読・英単語練習が10倍楽しくなる授業スキル

河村茂雄・上條晴夫 編集　　　B5判　定価：各2,000円＋税

[小学校編] [中学校編]

学習指導と学級経営のプロによる，「授業づくり」「学級づくり」の一体化。やりやすくて，面白くて，基礎・基本が定着する指導プラン24。

● 学級集団を診断するQ-Uテストのエッセンス

学級づくりのための Q-U入門
「楽しい学校生活を送るためのアンケート」活用ガイド

河村茂雄 著　　　　　　　　A5判　定価：各1,200円＋税

Q-Uを学校で活用する際に生じる疑問に答える。Q-U入門者に最適。

● 学級経営のピンチをチャンスに

学級崩壊 予防・回復マニュアル

河村茂雄 著　　　　　　　　B5判　定価：各2,300円＋税

学級の荒れのタイプと段階に応じる「診断」と「回復プログラム」と「実行のシナリオ」。

● ひとりひとりに応じる支援

ワークシートによる 教室復帰エクササイズ
保健室・相談室・適応指導教室での「教室に行けない子」の支援

河村茂雄 編集　　　　　　　B5判　定価：各2,300円＋税

心のエネルギーを回復し，学校への絆をとりもどすまでの3段階にそったワークシート集。

ここがポイント 学級担任の特別支援教育
個別支援と一斉指導を一体化する学級経営

河村茂雄 編著　　　　　　　B5判　定価：2,200円＋税

学級経営の専門家だからわかる，教師がぶつかる壁。さまざまなニーズをもつ子どもたちを学級集団で育てるむずかしさと素晴らしさ。

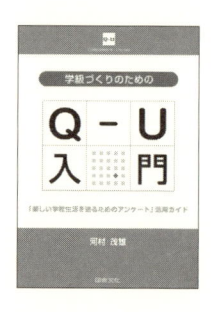

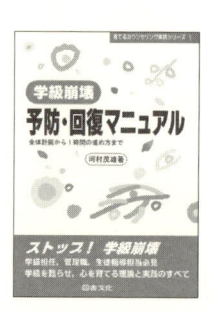

図書文化

※定価には別途消費税がかかります